감정을 살아내는 중입니다

감정을 살아내는 중입니다

초판 1쇄 발행 | 2025년 08월 25일

지은이 | 김규범
펴낸이 | 박영욱
펴낸곳 | 북오션

주 소 | 서울시 마포구 월드컵로 14길 62 북오션빌딩
이메일 | bookocean@naver.com
네이버포스트 | post.naver.com/bookocean
페이스북 | facebook.com/bookocean.book
인스타그램1 | instagram.com/bookocean777
인스타그램2 | instagram.com/supr_lady_2008
X | x.com/b00k_0cean
틱톡 | www.tiktok.com/@book_ocean17
유튜브 | 쏠쏠TV・쏠쏠라이프TV
전 화 | 편집문의: 02-325-9172 영업문의: 02-322-6709
팩 스 | 02-3143-3964

출판신고번호 | 제 2007-000197호

ISBN 978-89-6799-889-9 (03810)

*이 책은 (주)북오션이 저작권자와의 계약에 따라 발행한 것이므로 내용의 일부 또는 전부를 이용하려면 반드시 북오션의 서면 동의를 받아야 합니다.
*책값은 뒤표지에 있습니다.
*잘못 만들어진 책은 구입하신 서점에서 교환해 드립니다.

감정을
살아내는
중입니다

김규범 지음

유튜브 <사월이네 북리뷰> 김규범 작가의 "T가 쓴 감정책"

북오션

프롤로그

"행복해지고 싶은가요?"

거의 모든 사람이 "그렇다."라고 답할 것이다. 하지만 그 행복이 무엇인지 정확히 아는 사람은 그중 몇이나 될까? 우리는 매일 아침 눈을 뜨는 순간부터 수많은 감정의 파도에 휩쓸리며 살아간다. 지친 출근길, 넘쳐나는 업무들, 사람과 사람 사이에서 행복은 늘 닿을 듯 말 듯 우리를 스쳐 지나갈 뿐이다.

지금껏 행복에 관해 두 권의 책을 쓰고 수많은 강연을 해왔기에, 적어도 나는 행복이 무엇인지 잘 알고 있다고 생각했다. 첫 번째 책에서는 지친 직장인들이 더 나은 삶을 살기 위한 방법을 제안했고, 두 번째 책에서는 자신을 소중히 여기고 사랑할 때 비로소 행복이 찾아온다며 사람들에게 행복을 안내하는 역할을 해왔으니, 나 또한 행복의 문 앞에 있다고 확신했다. 하지만 뜻밖의 시련이 찾아왔다. 사람들 앞에 서서 행복을 말하던 내게 번아웃이 찾아온 것이다. 그 순간 나는 깊은 어둠과도 같은 감정에 휩싸였고, 그 감정은 하루아침에 나와 행복 사이의 거리를 널찍이 벌려 놓았다. 그러던 어느 날 저녁, 가족과 함께 TV를 보다가 한 정신과 의사의 인터뷰를 듣고 감정이 폭발해버렸다.

"번아웃은 너무 열심히 살아서 온 겁니다."

순간 "너무 열심히 살아서 그렇대…."라며 아내를 붙들고 엉엉 울음을 터뜨렸다. 나는 그저 열심히 살았을 뿐인데, 왜 이렇게 힘들어진 걸까? 행복하다고 했는데, 왜 울고 있지? 이대로 주저앉을 수는 없었다. 어떻게든 다시 일어나야 했다. 그래서 나에게 가장 친숙한 친구인 책을 펼쳤다. 책을 품에 안고 끊임없이 고민하고 사유하며 페이지를 넘겼다. 그렇게 수개월의 시간을 보내며, 나는 '행복이란 우리가 완벽히 도달할 수 있는 어떤 상태가 아니라, 삶 속에서 꾸준히 지키고 돌보아야 하는 감정의 조각'이라는 생각에 도달했다. 행복이란 결코 멈춰 있는 호수처럼 고정된 상태가 아니다. 행복은 조용히 흘러가는 시냇물처럼 우리 삶의 순간들을 흐른다. 행복은 미소처럼 다가와 우리 곁에 잠시 머물기도 하고, 슬픔

뒤에 찾아와 따뜻한 위로를 건네기도 한다. 행복은 지속적으로 돌보고 가꾸어야만 오래도록 곁에 머물러주는 '아주 섬세한 감정의 꽃'이었다.

이 책은 일상 속에서 누구나 한 번쯤 떠올렸을 법한 '행복해지고 싶고, 오래도록 행복을 유지하고 싶어하는 바람'을, 내가 가진 인문학적·철학적 지식과 혼란 속에서도 멈추지 않았던 독서를 통해 얻은 통찰로 이루어낸 감정의 기록이자, 번아웃이라는 깊은 터널을 지나며 찾아낸 '행복을 유지하는 방법'이다.

1장에서는 마음이 너무 무거워 모든 것을 잠시 내려놓고 싶을 때, 내 안의 감정을 마주하고 돌보는 방법을 제안한다.

2장에서는 괜찮지 않은 마음을 용기 있게 인정하고 스스로를 위로하며, 불완전한 자신을 있는 그대로 받아들일 수 있는 따뜻한 이야기를 전한다.

3장에서는 마음이 산산조각 난 듯한 순간, 스스로를 보호하고 위로하는 법을 이야기한다.

4장에서는 감정을 피하지 않고 진정으로 살아내며, 그 안에서 성장하고 타인과 연결되는 법을 다룬다.

1장부터 3장까지의 이야기는 과거와 현재를 돌아보며 진행되지만, 4장은 과거와 현재에 미래를 향한 다짐을 덧붙였다. 하지만 아직 미래를 살아보지 않았기에 내가 어떻게 살아가기로 다짐했는지를 반복적으로 서술했다. 반복적으로 서술하며 되뇌는 것이 다짐의 한 방법이라 생각하기 때문이다. 또한 내가 마음먹은 미래의 방향이 그리 거창하지 않기에 짧은 분량으로 4장을 마무리했다. 그럼에도 그 단순하고 반복적인 생각들은 앞으로의 삶을 살아낼 당신에게 가장 어려운 과제가 될 것이다. 물론, 나에게도 그럴 것이다.

이 책을 읽고 난 후, 당신은 행복을 막연히 기다리는 사람이 아닌, 감정과 함께 살아가며 행복을 지켜갈 수 있는 구체적인 방법을 아는 사람이 될 것이다. 이 책이 당신에게 새로운 희망과 따뜻한 위로의 손길이 되기를 진심으로 소망한다.

차례

프롤로그   004

1장 / 감정의 문턱에서 잠시 머뭇거리는 당신에게

아무 일도 일어나지 않기를 바란 아침   016
- 삶을 조율하는 선택   020
- 쉼은 가장 능동적인 선택이다   023
- 쉼이 필요하다고 말해준 책들   026

처음으로 나를 안아준 것은, 책이었다   029
- 감정을 껴안고 살아가는 연습   032
- 감정은 자기 인식의 시작이다   036
- 고립된 감정을 견디게 해준 책들   039

애쓰는 사람일수록 말이 줄어든다   041
- 침묵에도 이유가 있다   045
- 말하지 않는다는 건, 사라졌다는 뜻이 아니다   048
- 말하지 못한 감정을 어루만지는 책들   051

어른이 된다는 건, 감정을 숨기는 일   053
- 감정을 감추는 일이 단단함은 아니다   056
- 감정 없는 단단함은 존재하지 않는다   058
- 감정을 숨긴 어른에게 감각을 돌려준 책들   060

모든 것이 멈춘 날   062
- 무너짐은 회복의 시작이다   067
- 자기 위로는 가장 근원적인 회복이다   070
- 나를 다시 일으켜준 책들   073

쉬는 시간 / 감정에 이름을 붙여보자   075

2장 / 아무렇지 않은 척 지나온 시간들

나는 아직 완성되지 않은 사람이다 082
- 완성은 방향이 아니다 086
- 완성이라는 신화에서 벗어나기 088
- 불완전함을 살아내게 해준 책들 091

화려함 뒤에는 늘 조용한 그림자가 있다 093
- 완벽한 척은 오래 가지 못한다 097
- 진실은 무대 뒤에서 태어난다 100
- 화려함 이면의 고요를 들여다보게 해준 책들 103

나 아닌 모든 사람이 멀리 앞서가는 것 같을 때 105
- 느림에도 온전한 의미가 있다 109
- 비교의 속도에서 감정의 속도로 111
- 자기 발견을 용기 있게 도와준 책들 115

조용히 울고 있는 내 마음을 꺼내어 본다 117
- 감정을 꺼내 보는 용기 121
- 조용한 울음, 존재의 힘 124
- 감정을 조용히 꺼내 보게 해준 책들 127

지금은 잠시 걸음을 늦추어도 괜찮다 129
- 멈춤이 가져오는 새로운 시작 132
- 멈춘다는 것, 존재를 다시 바라보는 일 136
- 마음의 쉼을 허락해준 책들 139

(쉬는 시간) / 감정의 시간여행 141

3장 / 흐려진 마음의 윤곽을 따라

감정은 사라지지 않는다, 그저 숨어 있을 뿐 150
- 감정은 사라지지 않는다, 다만 기다릴 뿐 154
- 내면에 고여 있는 감정의 시간 156
- 감정을 기억하고 살아내는 법을 알게 해준 책들 159

실패는 멈춤일 뿐, 끝이 아니다 161
- 실패는 내 인생의 쉼표였다 164
- 실패한 나도 여전히 나다 167
- 실패의 시간을 통과할 때 읽어야 할 책들 170

아무도 알아주지 않아도, 나만은 나를 알아주자 172
- 나 자신을 알아주는 사람은 나뿐이다 176
- 존재를 증명하는 단 하나의 시선 178
- 내가 나를 알아주는 연습을 돕는 책들 181

나는 여전히 불완전한 나를 안고 살아간다 183
- 불완전함을 받아들이는 용기 187
- 나를 인정하는 일이 철학이 되는 순간 190
- 나의 결핍을 품고 살아가는 데 도움을 준 책들 193

내가 나를 위로하지 않으면 아무도 할 수 없기에 195
- 혼자의 위로는 가장 깊은 울음에서 태어난다 199
- 고요한 자기 위로의 시작 201
- 스스로의 위로에 도움을 준 책들 204

쉬는 시간 / 감정 온도 체크 206

4장 / 다시, 마음이 흐르는 쪽으로

감정이 흘러야 삶도 흘러간다   214
- 비로소 삶이 흘러갈 때   217
- 존재의 가장 깊은 곳   219
- 감정의 흐름을 따라 삶을 되찾게 해준 책들   221

나를 안아준 사람, 처음부터 지금까지   223
- 관계는 감정을 통해 자란다   227
- 감정을 이해받는 순간, 사랑하게 된다   230
- 감정을 함께 살아내는 사랑을 배우게 해준 책들   233

감정은 사라지지 않고 삶이 된다   235
- 감정은 기록되지 않아도 기억된다   238
- 감정은 기억보다 오래 남는다   240
- 감정을 삶의 문장으로 바꾸게 해준 책들   242

혼자 함께 살아가는 법   244
- 나를 지키는 고요한 동행   247
- 감정을 지키는 고요한 기술   249
- 혼자 있는 나를 따뜻하게 안아준 책들   251

오늘을 견디는 우리가 내일을 만든다   253
- 지금의 선택이 만드는 내일   256
- 지금이라는 시간의 깊이   258
- 지금 이 순간을 더 깊이 살아내게 해준 책들   260

에필로그   262

일러두기
- 이 책에 인용된 문장은 저자가 독서 과정에서 메모한 내용을 재구성한 것으로, 원문과 정확히 일치하지 않을 수도 있습니다.
- 기재된 도서명과 출판 정보는 저자가 읽은 판본을 기준으로 하였으며, 현재 절판된 도서도 포함되어 있습니다.

1장

감정의 문턱에서 잠시 머뭇거리는 당신에게

창밖에서 빗소리가 잦아들면, 비가 멎었다고 생각한다. 하지만 창문을 열어보면 아직 하늘에는 잿빛 구름이 가득하고, 빗방울은 아직도 가늘게 땅 위로 떨어지고 있다. 삶에도 이런 순간들이 있다. 표정 하나 바뀌지 않고 일상을 살아가는 당신을 보며, 주변 사람들은 이미 비가 그쳤다고 생각할 것이다. 하지만 당신의 감정은 여전히 촉촉하게 젖어 있다. 눈에 보이지 않는 빗줄기처럼 감정은 여전히 쏟아지고 있고, 그로 인해 발걸음은 무겁다. 그런데도 아무도 모른다.

살아가며 우리는 얼마나 많은 감정을 숨기고 지낼까. 문득 누군가 안부를 물어오면 반사적으로 "괜찮다."라고 대답하지만, 어쩌면 그 순간 자신이 괜찮지 않다는 사실조차 잊고 있었던 건 아닐까. 사람들은 서로의 표정을 읽으며 살아간다. 그래서 표정이 밝고 말이 적당히 많으면, 그 사람이 잘 지내고 있다고 판단한다. 하지만 감정은 그렇게 쉽게 읽히지 않는다. 감정은 언제나 표정 너머 깊은 곳에 조용히 웅크리고 있다가, 가장 외롭고 무거운 순간에 슬며시 고개를 든다.

당신의 삶에서도 분명 그런 순간이 있었을 것이다. 모두가 다 괜찮다고 믿지만, 스스로는 괜찮지 않았던 순간. 마음을 숨기고 지낸 날들. 차마 말할 수 없어 입을 다문 채 혼자 자신을 쓰다듬어야 했던 시간들. 그런 날들의 기억은 잊힌 듯하다가도, 어느 고요한 밤 낯선 노래의 한 소절이나 익숙한 향기와 함께 다시 떠오른다. 감정은 쉽게 지워지지도, 쉽게 덮이지도 않는다. 우리가 잊었다고 생각하는 순간에도 감정은 어디론가 사라지지 않고, 그 자리에 조용히 남아 있다.

이 장은 그런 감정을 품고 살아가는 당신을 위한 것이다. 어쩌면 당신은 오랫동안 자신에게조차 감정을 숨겨왔는지도 모른다. 하지만 이제는 그 감정을 잠시나마 꺼내놓고 마주해 볼 시간이다. 두렵게 느껴질 수도 있다. 하지만 이 두려움마저도 감정이 당신에게 보내는 신호일지 모른다. 감정을 마주하는 것은 삶을 더 힘들게 만들기 위함이 아니라, 삶의 무게를 조금이나마 덜어내기 위함이다. 꺼내지 못한 이야기들이 비로소 햇볕 아래 놓일 때, 우리는 마음속 깊이 숨어 있던 진짜 나와 연결될 수 있다.

아무 일도 일어나지 않기를 바란 아침

"아침에 눈뜨는 것이 두려운 날들이 있다."

요즘 아침은 유난히 피곤하다. 눈은 떴는데 몸은 이불 밖으로 나가려 하지 않고, 몸이 움직이는데도 마음은 붙잡혀 여전히 침대에 기대어 있다. 제시간에 일어났는데도 멍하니 시간을 흘려보내는 일이 많아졌다. 세수하고 양치하고 옷을 입는 단순한 루틴조차 어딘가 버겁게 느껴진다. 마치 무대에 나가야 하는 배우처럼, 출근이라는 공연을 앞두고 분장실에서 준비되지 않은 채 시간을 끄는 기분이다.

내 휴대전화 바탕화면은 스케줄러로 고정되어 있다. 한때는 이 화면이 나를 '멋진 사람'으로 보이게 해준다고 생각했다. 하지만 요즘은 보기만 해도 가슴 한쪽이 답답하다. 강연, 기획안, 원고, 회의, 촬영, 직장 업무까지…. 어느 요일에 어떤 일을 하는지도 헷갈릴 만큼 불규칙한 일정이다. 그렇게 하루를 시작하기도 전에 나는 이미 지쳐 있다.

운전석에 앉아 시동을 건다. 한 손으로 핸들을 잡고, 다른 손으로 카페인 음료를 든다. 좋아하는 곡을 틀어놓고 창문을 내려 얼굴에 바람을 쐰다. 고속도로에 진입하면 볼륨을 더 키우고, 목청껏 노래를 따라 부른다. 그러다가 전화벨이라도 울리면 가슴이 쿵 하고 내려앉는다. 반사적으로 전화를 받고는 감정을 숨긴 채 낮고 차분한 목소리로 말한다.

"네, 문제없습니다. 괜찮습니다."

이 말은 마치 삶의 배경음처럼 늘 따라붙는다. 누구에게든, 어떤 상황에서든 가장 자주 말하는 문장이 되어버렸다. 그 말이 진심이었던 날은 과연 몇 번이나 있었을까. 나는 스스로 괜찮지 않았다는 걸 알고 있다. 그런데도 '괜찮다'는 방어막이 내 입에서 흘러나왔다. 누군가에게 걱정을 들키고 싶지 않아서, 혹은 설명하는 것이 더 피곤해서일지도 모른다.

가끔은 정말 아무도 나를 부르지 않았으면 좋겠다고 생각한다. 내 이름이 불리는 순간마다 일이 생기고, 책임이 생기고, 감정이 생기니까. 누구도 내게 묻지 않고, 내가 무엇을 하고 있는지에 관심조차 갖지 않는 그런 하루를 살고 싶다. 아무도 나를 찾지 않고, 누구에게도 설명하지 않아도 되는 하루. 단지 존재하는 것만으로도 괜찮은 하루.

지금 나는 다섯 개의 직업을 동시에 수행하고 있다. 직장인, 강연가, 작가, 유튜버, 칼럼니스트. 여기에 아빠이자 남편, 아들이라는 역할까지 포함하면, 하루에도 수십 번 역할을 전환해야 한다. 일정이 겹치지 않도록 조율하고, 가족을 챙기고, 새벽까지 노트북 앞에서 버텨낸다. 온전히 나만을 위한 시간은 점점 줄어들고, 때로는 내가 진짜 누구인지조차 흐릿해진다. 그래서 가끔 상상한다. 아무것도 하지 않아도 되는 하루를. 알람 없이 눈을 뜨고, 일정이 비어 있는 캘린더를 보며 커피 한 잔을 마시는 아침을. 아무도 나를 찾지 않고, 나 역시 아무도 만나지 않는 조용한 하루. 지나가는 사람들의 표정을 하나하나 천천히 볼 수 있는 여유, 그저 창밖을 보며 흐르는 구름만 바라볼 수 있는 그런 시간….

한때는 남들보다 많은 일정을 소화하며 사는 것이 멋지다고 생각했다. 무언가를 해내야 가치 있는 사람처럼 느껴졌고, 일정이 가득한 날은 성취도가 높은 날이라 여겼다. 하지만 지금은 안다. 무너지지 않고 살아내는 하루, 아무 일도 일어나지 않는 날이야말로 진정으로 귀한 시간임을. 평범한 하루를 무사히 통과한 것만으로도, 나는 충분히 잘살고 있다는 것을.

   아무도 나를 부르지 않아도 괜찮은 하루.
   내가 나를 향해 '괜찮다'고 말할 수 있는 하루.

   그 하루를 살아내기 위해, 나는 오늘도 이불을 걷고 세상으로 나간다.

삶을 조율하는 선택

하루의 시작이 두려울 때가 있다. 눈을 떴지만 일어나고 싶지 않은 아침, 해야 할 일보다 피하고 싶은 일부터 떠올리게 되는 아침. 우리는 그럴 때마다 왜 이렇게까지 해야 하며, 왜 쉬는 것조차 죄책감을 느껴야 하는지, 과연 이게 내가 원하던 삶인지 고민하게 된다. 그러나 곧 다시 일상의 틀 속에 자신의 몸을 끼워 넣는다.

의심하는 내가 위험한 것이 아니라, 아무 의심 없이 지금의 흐름을 계속 살아가는 것이 더 위험할지도 모른다. 바쁜 일정은 마음을 잠재우고, 반복되는 업무는 감정을 무디게 만든다. 그렇게 어느샌가 우리는 지치는 것조차 지친 상태에 도달한다. 삶은 끊임없는 조율의 연속이다. 과로와 무기력, 긴장과 무심함, 열정과 소진 사이를 오가며 균형을 잃기도 하고, 회복하기도 한다. 균형을 찾기 위해 꼭 거창한 변화가 필요한 것은 아니다. 가장 나답지 않은 순간을 알아차리고, 가장 작은 것부터 다시 선택하면 된다.

지금 이 일을 꼭 해야 하는가?
이 감정을 억누르고 넘겨도 괜찮은가?

오늘 하루 나를 가장 지치게 하는 건 무엇이며, 내가 가장 바라는 일은 무엇인가?

그 질문들은 우리로 하여금 조금 더 진실한 하루를 시작하게 만든다. 때로는 아무 일도 일어나지 않는 하루가 필요하다. 단지 일정이 비어 있기만 한 날이 아니라, 마음이 조용히 제 속도로 숨 쉴 수 있는 날. 누군가의 연락을 기다리지 않아도 되고, 모든 메시지에 응답하지 않아도 되는 날. "잘 지내고 있어요."라는 말 대신 "그냥 있어요."라고 말해도 괜찮은 날. 그런 하루가 있어야 우리는 내 안의 목소리를 들을 수 있다. 그렇게 우리는 내 감정이 어디서 무너졌는지 되짚을 수 있게 된다.

우리 사회는 '잘 버티는 사람'을 존경하지만, 버티는 법만 배우다 보면 결국 '살아내는 법'을 잊게 된다. 감정을 무시한 채 근성으로 밀어붙이기만 하면 잠시 성과를 얻을 수 있을지언정, 가장 중요한 나 자신이 소모되어버린다. 쉬는 것은 낭비가 아니다. 일을 내려놓는 것은 실패가 아니다. 그것은 온전한 나로 돌아가기 위한 전환점이다.

오늘 하루, 아무 일도 일어나지 않기를 바라는 나 자신을 탓하지 말자. 그건 무너짐이 아니라 조율이다. 우리는 매 순간 마주하는 선택들을 조율 위에서 이뤄낸다. 삶은 선택의 반복이 아니라 조율의 반복이다. 가장 나답게 살기 위해, 가장 나를 아끼는 조율이 필요하다.

"지친 아침을 견디는 방법"

- **아침 감정부터 인식하기** : 눈뜨자마자 오늘 기분을 점검.
- **일정에 여백 하나 만들기** : 하루 중 쉴 틈을 명확히 확보.
- **운전 중 감정 점검하기** : 혼자 있는 시간에 마음 상태 확인.
- **말버릇 대신 진심 말하기** : 괜찮다는 말 대신 감정 표현하기.

쉼은 가장 능동적인 선택이다

현대 사회에서 우리는 끊임없이 속도와 성과의 압박 아래 살아간다. 무엇이든 하고 있지 않으면 불안하고, 잠시라도 멈추면 뒤처진다고 느낀다. 분주하게 채워진 일정표는 우리의 가치를 증명하는 척도처럼 작동한다. 그래서 우리는 쉼을 마치 실패나 결핍의 상징처럼 여긴다. 하지만 끝없이 달리는 삶 속에서 정작 우리가 얻은 것은 무엇인가?

철학자 버트런드 러셀은 『게으름에 대한 찬양』에서 이렇게 말한다. "근로가 미덕이라는 믿음이 현대 사회에 막대한 해를 끼치고 있다. 따라서 행복과 번영에 이르는 길은 조직적으로 일을 줄여가는 것이다." 러셀은 인간의 삶에서 꼭 필요한 것은 노동이 아니라 여가 시간이라고 역설한다. 그는 여가가 단순한 휴식이 아니라 인간의 존엄성과 자율성을 회복시키는 적극적 행위라고 본다. 그의 말처럼, 진정한 쉼은 아무것도 하지 않는 무기력한 시간이 아니라 우리가 삶을 다시 바라보고 가장 본질적인 질문을 던질 수 있는 적극적이고 능동적인 시간이다.

우리는 쉼이라는 것을 '일'을 중단하거나 생산성을 포기하는 소극적 행위로 오해한다. 하지만 진정한 의미에서의 쉼은 결코 소극적이지 않다. 쉼은 가장 적극적이고 능동적으로 자기를 돌보는 순간이며, 자기 삶의 주도권을 회복하는 결정이다. 바쁘게 반복되는 일상 속에서 잃어버린 자신을 되찾는 일, 쉼은 우리가 무엇을 원하고, 무엇으로 인해 고통받는지를 명확히 바라볼 수 있게 해준다.

현대인이 자주 경험하는 우울과 번아웃은 자신을 돌볼 시간이 부족하기 때문에 발생한다. 대부분 쉴 새 없이 달리는 데 집중하느라 피곤이나 슬픔, 외로움 같은 감정을 밀어내기 때문이다. 그렇게 밀려난 감정들은 사라지지 않고 마음 깊은 곳에 응축되었다가 강력하게 튀어나와 우리를 위협하게 된다. 그렇기에 쉼은 반드시 필요한 과정이다. 단순히 몸을 쉬게 하는 것만이 아닌, 억눌린 감정들을 마주 보고 치유하게 돕는 시간인 것이다.

현대인들이 쉼을 두려워하는 건 자기 자신과 마주하는 일이 불편하고 두렵기 때문일지도 모른다. 자신이 그동안 얼마나 힘들었는지, 어떤 감정을 숨기고 있었는지, 그것을 마주하기가 불편할 수 있다. 하지만 감정은 우리의 삶을 구성하는 매우 중요한 요소이다. 감정을 외면하는 것은 삶 자체를 외면하는 것과 같다. 진정한 삶은 감정을 회피하지 않고 마주하며 그것을 통해 성장하는 삶이다. 쉼은 우리의 감정을 회복하고 내면을 재정비하는 적극적인 시간이다. 그 시간이 없다면 우리는 삶의 본질에서 멀어질 뿐이다.

아무것도 하지 않는 날, 세상의 요구로부터 자유로운 날을 결코 낭비라고 생각하지 말자. 오히려 그런 날이 있어야만 우리 삶을 정직하게 바라볼 수 있다. 그렇게 우리는 감정을 정리하고, 상처를 치유하며, 다시 살아갈 힘을 얻는다.

진정한 휴식은 포기가 아니라 용기다. '쉬는 사람'은 '게으른 사람'이 아니라 자기 삶을 '주체적으로 살아가겠다는 의지를 가진 사람'이다. 멈춤은 실패가 아닌 삶의 방향을 다시 정하는 순간이며, 다시 시작할 수 있게 만드는 가장 강력한 전략이다.

이제는 쉼의 의미를 재정의할 필요가 있다. 쉼은 단순한 휴식이 아니라 삶을 더 깊이 사랑하고 이해하기 위한 적극적인 선택이다. 인간은 기계가 아니며 기계처럼 작동할 수도 없다. 멈춤이야말로 인간다움을 가장 명확하게 드러낼 수 있게 한다. 쉼을 통해 우리는 다시 진짜 나를 만나고 진정으로 원하는 삶을 향해 나아갈 준비를 하게 된다.

우리의 삶은 한 번뿐이다. 그 귀한 삶을 의미 없는 분주함에 내어주기보다 자신을 돌아보고 감정을 치유하는 과정으로 가져와 진정으로 원하는 삶을 살아갈 용기로 만들어야 한다. 이제 잠시 멈추고 당신의 삶을 천천히 돌아보자. 그렇게 당신은 삶의 진정한 주인이 된다.

쉼이 필요하다고 말해준 책들

『게으름에 대한 찬양』 _ 버트런드 러셀

국내 출간: 사회평론, 2005, 송은경 번역

빠름을 미덕처럼 여기는 시대에, 저자는 '게으름'을 인간다운 삶의 조건으로 재조명한다. 단순한 반어가 아니라, 쉬는 행위의 철학적 가치와 존재론적 의미를 들여다본다. 바쁘지 않아도 괜찮다고 말해주는 철학책.

『태엽 감는 새 연대기』 _ 무라카미 하루키

국내 출간: 민음사, 2020, 김난주 번역

하루아침에 일상이 멈춘 한 남자의 내면 여행. 현실과 환상이 교차하는 하루키 특유의 서사 속에서, 고립과 고요, 그리고 자기 회복의 시간을 통과하게 된다. 삶이 멈추었을 때 비로소 들리는 감정의 목소리를 따라가는 이야기.

○ 인공눈물 ●

울고 싶지만 눈물을 보일 수 없을 때, 핑곗거리가 되어준다.
그리고 기쁠 때도 이 녀석은….

〈나의 하루를 삼킨 일정표〉

2025. 7

일	월	화	수	목	금	토
29 전국대회준 영상편집	30 밤개문4주 주간근무 이벤트게시	1 야근 수학과외 과외비입금 미용실-	2 강연준비 미팅(오후)	3 송파강연1 수학과외 영상편집	4 코난예매 북클럽종료 총편게시 주간근무	5 원고피드백 야근 태권도소풍 영상편집 유진치과
6 원고피드백 한의원 컬러링 이케아광명	7 소짐 영상편집 통증의학과 미팅(저녁)	8 수학과외 강연준비 주간근무	9 6.15 야근	10 송파강연2 수학과외 인세입금	11 어머니생신 인터뷰촬영 통증의학과	12 강연준비 영상업로드 주간근무
13 야근 영화관 발명노트준	14 인터뷰준비 복지사방문 통증의학과 출간카피검 제작업체미 대회자료	15 대구촬영 방문목욕 컨설팅(오 미팅(저녁)	16 국기사진값 강연준비 주간근무	17 제헌절 송파강연3 수학과외 야근	18 복싱총료 영상편집 부모님병원 영화관	19 인터뷰촬영 영상업로드 미팅(오후)
20 초복 강연준비 인터뷰질문 영상편집 주간근무	21 야근 제작업체통 원고피드백 수학과외 방문목욕 +2	22 대서 장모님생신 미용실- 강연준비 통증의학과	**23** 딸방학식 원고최종검토 수학과외 애슐리	24 송파강연4 주간근무 야근 내병원	25 (윤)6.1	26 인터뷰촬영 리뷰준비 미팅(오전)
27 영상업로드 영상편집 리뷰촬영	28 ktx예매 인터뷰준비 주간근무	29 야근 수학과외 고대안산병 원고피드백	30 중복 미팅(저녁) 예판시작 강연준비	31 수학과외 검토영상공 리뷰업로드 제품수령	1 과외비입금 주간근무 강연준비 설명서제작	2 야근 촬영(오전)

처음으로 나를 안아준 것은, 책이었다

"외로움은 누군가의 부재가 아니라 나를 위한 빈자리일지도 모른다."

살아가면서 누구나 여러 번 혼자가 되는 경험을 한다. 가끔은 스스로 혼자만의 고요를 택하기도 하고, 때로는 원치 않게 고립되어 홀로 남겨지기도 한다. 그렇게 혼자가 된 순간마다 우리는 각자의 방식으로 마음을 다독이려 노력한다. 어떤 이는 음악을 듣고, 어떤 이는 산책을 하고, 또 어떤 이는 글을 쓰며 스스로를 위로한다. 내 곁에는 늘 책이 있었다.

돌이켜보면 혼자라는 감정을 처음으로 깊게 느꼈던 때는 고등학교 시절이었다. 당시 나는 밝고 사교적인 학생이었다. 교실에서는 농담과 웃음으로 분위기를 이끄는 존재였고, 선생님들도 나를 모범적인 학생으로 여겼다. 그렇게 학교생활이 크게 힘들거나 불편하다고 느껴본 적 없던 나에게 갑작스레 혼자만의 시간이 찾아왔다. 그 시작은 첫사랑과의 이별이었다.

그녀는 나와 같은 반이었고, 함께 공부하며 일상의 많은 것을 공유했다. 서로에 대한 마음을 숨기지 않았던 우리는 곧 학교에서 유명한 커플이 되었고, 우리의 관계는 영원할 것만 같았다. 하지만 그녀가 나에게 이별을 고한 순간, 모든 것이 멈췄다. 이별 후 나는 완전한 혼자가 되었다. 난생처음 마주한 혼자만의 시간은 그저 낯설기만 했다. 친구들의 웃음소리와 대화가 점점 멀게 느껴졌고, 점심시간에 밥을 먹는 일도 불편했다. 그 무엇도 나를 위로하지 못했다. 친구들의 위로나 관심조차 부담스러웠던 나는 사람들과 거리를 두기 시작했다. 결국 더 이상 누구에게도 내 속마음을 털어놓지 않게 된 나는 조용히 고립의 시간을 견뎌야만 했다.

그때 처음으로 책을 만났다. 별생각 없이 우연히 펼친 책이었지만, 페이지가 넘어갈 때마다 책 속 인물들이 내 이야기를 대신 하고 있는 것처럼 느껴졌다. 그 인물들은 내가 겪고 있는 감정을 정확하게 이해하는 듯했고, 어떤 인물은 나보다 더 깊은 아픔을 품은 채 살아내고 있었다. 그들의 이야기를 따라가다 보니 어느새 혼자라는 외로운 감정이 조금은 누그러졌다. 책은 나에게 어떤 위로나 충고를 강요하지 않았고, 그저 내 곁에서 조용히 이야기를 들려주었다. 덕분에 책장을 넘기는 동안은 혼자가 아니었다. 나와 같은 감정을 느끼는 사람이 많다는 느낌을 떠올리며, 내 아픔 역시 언젠가는 옅어질 것임을 알게 되었다.

  누구나 살면서 어디에도 말할 수 없는 감정을 겪는다. 그럴 때마다 혼자라는 느낌은 더욱 커지고, 그것이 너무 무거워 견디기 힘들어진다. 그럼에도 사회는 혼자라는 사실을 자꾸 숨기라고 말한다. 혼자 밥 먹는 것이나 걷는 것이 이상한 행동처럼 느껴지게 만든다. 하지만 진정한 나를 마주하는 순간은 혼자일 때 찾아온다. 내게 책은 혼자일 때 나를 만나게 해준 존재다. 책을 통해 자신과 깊은 대화를 나눴고, 내면을 향해 조용히 탐험할 수도 있었다. 책을 읽으며 복잡하고 미묘한 감정들을 조금씩 이해하고 받아들일 수 있게 되었고, 내 감정을 섣불리 판단하지 않게 되었다.

  어른이 된 지금도 여전히 혼자인 순간이 찾아온다. 삶의 무게에 눌려 더 이상 견딜 수 없을 때, 사람들과의 관계가 버거워질 때면 책을 찾는다. 책은 여전히 나에게 아무런 강요도 하지 않는다. 조용히 함께할 뿐이다. 책의 존재는 혼자 있는 시간을 더 이상 외로운 시간이 아닌, 깊고 의미 있는 시간으로 만든다. 당신이 혼자라고 느끼는 순간에 놓인다면 책을 펼쳐 보기를 권한다. 어떤 말을 하지 않아도 좋다. 책과 함께하는 그 고요한 시간 속에서, 당신은 다시 삶으로 나아갈 힘을 얻게 될 것이다.

감정을 껴안고 살아가는 연습

감정은 조절이 안 되는 것이 아니라, 조절하려 억지로 건드릴 때 어긋나는 것이다. 자연스럽게 흘러야 한다. 지금껏 우리는 감정을 제어해야 한다고 배워왔다. 분노는 다스리고, 슬픔은 감추고, 기쁨은 적당히 누그러뜨려야 한다고 배웠다. 그러다 보니 감정으로 인해 늘 문제가 발생했다. 어떤 감정은 너무 과했고, 어떤 감정은 너무 부족했으며, 어떤 감정은 부끄러웠다. 결국 우리는 지금껏 사회 안에서 나를 통제하기 위한 도구로 감정을 사용했던 것이다. 감정을 통제하는 것은 나를 통제하는 것이었다. 그래서 묻고 싶다. 감정을 덜어내면, 정말 덜 아픈가?

이별 앞에서 울음을 참는 사람보다, 마음껏 울고 나서 다시 걸음을 내딛는 사람이 더 단단해 보인다. 고통을 말없이 견디는 사람보다, 고통을 말로 꺼내놓을 줄 아는 사람이 더 강해 보인다. 감정은 삶을 망가뜨리지 않는다. 감정을 억누른 삶이 사람을 망가뜨린다. 감정을 억압하기 때문에 우리는 고립된다. 결국 우리는 감정을 부정당한 '삶' 그 자체를 살아내야 한다.

그래서 책이 필요했다. 책은 감정을 가르치지 않는다. 대신 감정을 숨기지 않아도 되는 공간을 내준다. 책 속 인물들은 울고, 웃고, 부서지고, 미워하고, 사랑한다. 그들은 도망치고, 숨어들고, 절망하고, 기어코 살아낸다. 그들의 이야기를 따라가는 동안에는 멀찍이 떨어져 그들의 감정을 볼 수 있다. 그렇게 책은 감정을 밀어내지도, 다그치지도 않는다. '너는 지금 이렇구나.'라고 말없이 수긍하며 안아줄 뿐이다.

감정이란 해결할 문제가 아니라, 흘려보내야 할 물과 같다. 감정에 정답은 없다. 그것을 찾으려는 순간, 오히려 더 복잡해지고 견디기 어려워진다. '왜 슬퍼?'라는 질문은 슬픔을 줄이지 않고 감춘다. 우리는 지금껏 감정을 이해하려고만 했지, 감정과 함께 살아가려 하지는 않았다.

혼자만의 시간을 책과 함께 지내며 감정을 돌보던 나는 꽤 오랫동안 책을 펼치지 않았다. 먹고사느라 바빴다는 것이 그 핑계다. 그러다 10여 년 만에 다시 책을 펼쳤을 때, 나는 과거와 많이 달라져 있었다. 어린 시절 고립의 기억은 첫사랑 하나였지만, 그 후 이별과 단절이 반복되어 더 날카롭고 매서운 감정들에 상처를 입은 채 다시 책을 펼친 것이었다. 그럼에도 책은 변함없이 감정이 쉴 공간을 내줬다. 그 공간에서 다시 만난 나는 예전보다 더 지쳐 있었다. 그러자 책 속 인물들이 다른 모습으로 보이기 시작했다. 그때의 나에게 필요한 모습으로 나타난 인물들. 그렇게 책은 오래전의 나에게, 그리고 지금의 나에게 각각 어울리는 모습으로 등장해 따뜻하게 위로하는 말을 건넸다.

'괜찮아. 살아냈잖아.'

감정은 언제나 복잡하고, 때론 무섭기까지 하다. 그럼에도 감정을 살아내야만 한다. 억누르지 않고 인정하면서, 말이 되지 않아도, 눈물 한 방울이 인생을 바꾸지 않는다고 해도, 그 감정을 품고 오늘 하루를 견디는 것이 용기 있는 모습이다. 책은 나에게 그 용기를 부여해주었다. 나는 이제 책을 통해 감정을 마주하고, 감정을 껴안는다. 하지만 감정을 이해하기 위해서는 아니다. 그저 감정을 끌어안고 살아가면 된다. 감정을 살아내는 삶에는 언젠가 그것이 내 안에서 단단한 층을 이룰 것이라는 기대가 담겨 있다. 조금씩 쌓여가는 감정의 퇴적층 위에서 다시 새로운 하루를 살아낸다.

"책이란 얼마나 놀라운 물건입니까? 나무를 가공해 평평하고 부드러운 종이를 만들어 그 위에 이상하고 새까만 기호를 찍은 다음, 한데 모은 게 책입니다. 그러나 책을 한 번 슬쩍 훑어보는 것만으로도 죽은 지 수천 년 된 저자의 목소리를 생생하게 들을 수 있습니다. 저자는 1,000년의 세월을 건너뛰어 소리 없이, 그러나 또렷하게 자신의 이야기를 독자의 머릿속에 직접 들려줍니다. 글쓰기야말로 인류의 가장 위대한 발명입니다. 결코 서로 알지 못하는 사람들과 서로 다른 시대의 시민들을 하나로 묶어놓습니다. 책은 우리를 시간의 굴레에서 벗어나게 했습니다. 글쓰기를 통해 우리 모두는 마법사가 되는 겁니다."

– 칼 세이건(저서 『코스모스』, 사이언스북스, 2010, 홍승수 번역)

"책으로 감정을 껴안는 법"

- 감정이 움직인 문장 기록하기 : 책 속에서 감정이 반응한 구절 적기.
- 책 읽고 감정 이름 붙이기 : 읽은 후 느낀 감정 하나 정리.
- 운전 중 감정 점검하기 : 책과 내 감정을 연결해 기록.
- 감정을 일기로 풀어쓰기 : 삶의 시기마다 감정의 변화를 확인.

감정은 자기 인식의 시작이다

우리는 종종 감정을 통제해야 한다고 여기며 살아간다. 사회는 우리에게 늘 이성적이고 침착할 것을 요구하며, 감정을 드러내는 행동은 미성숙한 것으로 치부한다. 슬픔이나 외로움은 약한 사람의 표식처럼 여겨진다. 그렇게 숨기고 억압하다 보면, 결국 그 억눌린 감정들이 한순간 고독이 되어 우리를 찾아온다. 진정한 외로움은 타인의 부재가 아닌, 자신과의 단절로부터 시작된다.

감정을 마주한다는 것은 단순히 자신의 기분을 인지하는 것 이상의 의미를 지닌다. 그것은 내면에서 울리는 가장 진실한 신호에 귀를 기울이는 일이다. 슬픔은 우리가 무엇을 소중히 여기고 무엇을 잃었는지를 알려준다. 외로움은 진정으로 원하는 관계가 어떤지를 드러낸다. 분노는 우리의 내면에서 지켜야 할 소중한 경계선이 무엇인지 분명히 그려준다. 이렇듯 감정은 우리가 삶에서 무엇을 원하는지, 무엇에서 상처받는지 가장 정확하게 알려주는 나침반과도 같다.

오스트리아 정신과 의사 빅터 프랭클은 『죽음의 수용소』에서 이렇게 말했다. "인간에게서 모든 것들 빼앗아 갈 수 있어도 단 하나, 어떤 상황에서도 자신의 태도를 선택할 자유만은 빼앗을 수 없다." 하지만 진정한 선택이란 결코 이성적 판단만으로는 완성되지 않는다. 우리는 삶에서 결정적인 순간마다 감정을 마주하고, 그것에 따라 선택을 내린다. 사랑에 빠질 때, 새로운 도전을 감행할 때, 오래된 관계를 끝낼 때조차 그 선택 속에 감정은 늘 공존하고 있다.

좋은 책은 그런 우리에게 좋은 공간을 만들어준다. 소설 속 한 문장이 내가 미처 표현하지 못했던 내 마음을 대신 말해줄 때, 우리는 자신과의 깊은 대화를 시작하게 된다. 책은 우리가 감정과 친밀해질 수 있게 해주는 거울이며, 동시에 내면의 진실과 마주할 수 있는 안전한 공간이다.

감정을 마주하는 일이 때론 두려움을 불러일으킨다. 하지만 감정은 분석이나 논리를 통해 사라지는 존재가 아니다. 감정은 그저 존재하는 것 자체로 존중받아야 한다. 우리가 감정을 있는 그대로 받아들일 때, 비로소 가장 진실한 자신과 만날 수 있게 된다.

살면서 느낀 가장 강렬한 감동은 언제나 감정을 진솔하게 받아들일 때 찾아왔다. 사랑하는 사람과 이별하면서 흘린 눈물, 오랫동안 품어왔던 꿈을 이루었을 때 느낀 벅참과 기쁨, 실패에서 다시 일어서는 용기와 같은 감정들은 우리의 삶을 더욱 깊고 의미 있게 만들었다. 이러한 순간을 통해 삶의 가치와 감정을 느끼며 살아가는 것이 얼마나 인간다운 일이던가.

감정을 직면하는 것이 자기 인식의 출발점이라는 말은, 자기 자신을 사랑하고 소중히 여기라는 것과 같다. 감정은 우리를 가장 인간답게 만들고, 삶의 모든 순간에 진정한 의미와 생기를 불어넣는다. 감정은 설명이나 분석을 요구하지 않는다. 오직 진실하게 느끼고, 그 속에서 살아가기만을 필요로 한다. 진실한 감정의 순간들 속에서 자신과 만나는 순간, 삶과 나는 진정으로 연결될 수 있다.

고립된 감정을 견디게 해준 책들

『젊은 베르테르의 슬픔』 _ 요한 볼프강 폰 괴테

국내 출간: 민음사, 1999, 박찬기 번역

베르테르의 절절한 사랑과 상실, 그리고 감정의 극단까지 내달리는 삶은 지금의 관점으로 보면 위험해 보이기도 한다. 하지만 이 소설은 억눌린 감정을 외면하지 않고, 끝까지 마주하려 했던 한 인간의 고통스러운 여정을 담고 있다. 때로는 감정을 억제하기보다는 이해하고 표현하는 것이 인간 존재의 진실에 더 가까울 수 있음을 보여준다.

『시지프 신화』 _ 알베르 카뮈

국내 출간: 열린책들, 2020, 박언주 번역

이 책은 감정을 직접 다루지 않는다. 그러나 부조리한 삶을 반복하며 살아가는 시지프의 이미지는, 설명할 수 없는 감정의 무게를 끌고 하루를 살아가는 우리와 닮았다. 고립과 무의미 속에서도 계속 살아내는 것. 그것이야말로 인간이 할 수 있는 가장 강한 선택이라는 통찰은 감정을 살아내는 방식에 철학적 힘을 더해준다.

○ 책갈피 ●

덮어둔 감정 위에 조용히 눕혀둔 약속.
다시 펼쳐질 날까지, 고립된 마음을 기다려주는 조용한 징표.

애쓰는 사람일수록 말이 줄어든다

"괜찮다는 말을 가장 많이 하는 사람이 가장 괜찮지 않은 사람이다."

누구나 한 번쯤 말이 줄어드는 경험을 한다. 어떤 이는 원래 말수가 적고 내향적이라 조용한 것이 편하다고 하지만, 또 다른 누군가는 원래 말을 좋아하고 소통을 즐기던 사람임에도 어느 순간부터 입을 다물게 된다. 내 경우가 그랬다. 나는 어릴 때부터 활발하고 말을 좋아했다. 수업 시간에도 적극적으로 의견을 내고, 친구들과도 끊임없이 농담을 주고받으며 사람들과의 관계를 즐겼다. 대화는 나에게 큰 기쁨이자 즐거움이었다.

사회생활을 시작할 때도 마찬가지였다. 처음 입사한 회사에서 누구보다 적극적인 신입사원이었고, 아침마다 밝게 인사하며 하루를 시작했다. 회의에서도 주저 없이 의견을 내고, 모르는 것이 있으면 망설임 없이 질문을 던졌다. 처음엔 좋은 평가를 받았다. 사람들은 '적극적이고 열정적인 신입'이라며 칭찬했고, 그런 평가에 더욱 자신감을 얻었다.

하지만 시간이 지날수록 상황은 달라졌다. 어느 날부터 내가 던지는 질문이나 의견으로 인해 사람들의 표정이 어색하게 변하는 것을 느꼈다. 회의실에서 무언가를 말하면 잠깐 침묵이 찾아왔고, 눈빛과 표정으로 전달되는 미묘한 분위기에 마음이 불편해졌다. 그러다가 "너무 나서지 마라."라는 충고까지 들었다. 적극적으로 의견을 말했던 것이 긍정이 아닌 부정적 평가로 돌아오기 시작했다. 그때부터 입을 열기가 두려워졌다.

그래서 말을 아끼기 시작했다. 회의실에서도 말하기보다 듣기에 집중했고, 질문을 하고 싶어도 하지 않고, 의견을 내고 싶어도 내지 않았다. 사람들은 그런 나의 변화에는 둔감했다. 전혀 의식하지 않았다고 하는 것이 더 어울린다. 그럼에도 나 자신은 말하지 않는 시간을 유지했다. 그런 시간이 길어질수록 마음은 더 무거워졌다. 그러다가 문득 혼잣말을 뱉어냈다.

'내가 왜 말을 줄였을까?'

직장 밖에서의 관계에서도 말수는 점점 줄어들었다. 친구들과의 대화도 편하게 이어가지 못했다. 오히려 친구들은 나의 침묵을 오해했다. "무슨 일이 있냐?" "요즘 너무 조용한데?" 그 어떤 질문에도 답하지 못했다. 구체적으로 설명할 수 없었기 때문이다. 그렇게 시간이 흐르던 어느 날부터 조금씩 이유를 알게 되었다. 바로 두려움과 불안감 때문이었다. 사람들의 평가에 대한 두려움, 내 의견이 무시당하거나 부정적인 평가를 받을지 모른다는 불안감이 내 입을 다물게 했다. 말을 하지 않으면 비판을 받지 않아도 될 테니까.

　주변에 이처럼 말이 줄어드는 사람이 많다. 밝고 명랑했던 사람이 어느 순간부터 조용해졌다면, 그 이면에 두려움과 불안이 숨어 있을 것이다. 그 사람을 향한 무심한 평가와 작은 비판이 얼마나 큰 상처가 되는지 우리는 잘 알지 못한다. 때로는 그저 말없이 지켜봐주는 것, 조용히 기다려주는 것만으로 그들에게 큰 위로와 용기를 전할 수 있다.

　결국 나는 다시 말을 하기로 했다. 말하지 않음으로써 얻는 안전함보다, 말하는 용기를 통해 얻을 수 있는 자유로움이 더 소중하다는 사실을 깨달았기 때문이다. 그래서인지 지금은 말이 참 많다. 덕분에 강연장에서 대중과 소통하는 데도 불편이 없다. 어찌 보면 불특정 다수, 익명이라는 인간관계의 가장 무서운 조건이 갖

취진 대중과의 대화에서도 말이다.

말이 줄어든 동안, 스스로와 많은 이야기를 나눌 수 있었다. 우리는 누구나 타인의 내면이 아닌 표정만을 보며 살고 있다. 그렇기에 그 누구도 나의 내면을 알지 못한다. 내 마음을, 내 감정을 알지 못하니까. 내 눈앞에 있는 타인이 그럴진대, 하물며 실체조차 없는 익명의 아무개가 대체 무엇이 두렵단 말인가. 나는 다시 말을 하기로 결심했고, 앞으로도 말을 할 것이다. 그런 내 말에 사람들이 조금씩 수긍하고, 받아들이고, 나아가 감동하고, 삶의 방향을 바꾼다면, 말은 오히려 나의 자신감이 될 것이다.

말이 줄어드는 순간은 누구에게나 찾아올 수 있다. 하지만 그 순간은 영원하지 않다는 사실을 기억해야 한다. 우리는 언제든 다시 말을 시작할 수 있다. 두려움과 불안을 넘어 다시 타인과 소통하고, 교감할 수 있다. 말이 줄어드는 순간을 경험하게 된다면, 말없이 고요한 그 시간 속에서 자신을 돌아보며 더 깊이 있는 대화를 나눌 수 있을 것이다.

침묵에도 이유가 있다

      누구나 마음이 복잡해지고 감정이 깊어질수록 말이 줄어든다. 나는 그것을 직장 생활을 통해 배웠다. 말하지 않으면 실수할 일이 줄고, 질문하지 않으면 미움을 사지 않는다. 감정을 드러내는 순간, 진심이 방향을 잃고 오해로 변하는 것을 너무도 자주 겪었기 때문이다. 처음 말수가 줄었을 때는 내가 낯설었다. 예전의 나는 분명 다정했고, 때론 지나치게 열정적이기도 했으며, 누군가와 감정을 나누는 데 인색하지 않았다. 하지만 직장은 감정을 교류하는 장소가 아니라는 생각을 갖자, 침묵이 관계를 보호하는 가장 안전한 언어가 될 수 있음을 깨달았다. 그러자 어느 순간부터 잘 말하는 법보다 잘 침묵하는 법을 터득하게 됐다.

  말을 줄이는 것은, 삶을 감당하는 방식 중 하나다. 그저 고요해지고 싶어서가 아니다. 내 감정이 거부당할까 봐, 나의 해명이 왜곡될까 봐, 관계에서 밀려날까 봐 말을 아낀다. 침묵은 자발적으로 내린 판단이다. 자신을 지키기 위한 방어인 동시에 견디기 위한 전략인 것이다. 하지만 침묵이 일상이 되면, 아무도 듣지 못하는 말들이 우리 가슴속에 쌓여간다. 감정을 말로 흘려보내지 못하면 피로가 되어 몸에 쌓이고, 그렇게 몸에 쌓인 감정은 삶의 무게가 된다.

우리는 조용한 사람에 대해 감정이 없거나 상처받지 않는 사람이라고 오해하곤 한다. 말 없는 사람일수록 마음속에 더 많은 감정이 멈춰 있다. 그들은 말하는 법을 잊은 것이 아니라, 말하지 않기로 결정한 것임을 알아야 한다. 그리고 그 선택이 약하다는 증거가 아니라, 강인하게 감정을 조절하는 방식임도 알아야 한다. 침묵은 무력함이 아니라 감정의 깊이에서 비롯된 것이다.

하지만 침묵이 스스로를 보호하는 시간은 그리 길지 않다. 결국, 말하지 않는 동안 흐름을 잃게 된 감정들은 아주 잠깐 상처를 가려주다가, 결국 나를 나로부터 멀어지게 만든다. 그래서 적당한 시기에 스스로에게 물어야 한다. "너는 정말 아무 말도 하고 싶지 않은 거니? 아니면 그 말을 꺼낼 용기가 없는 거니?"

우리는 다시 말하는 사람이 되어 감정을 움직이고 흘려야 한다. 정확히는 감정을 다시 꺼낼 수 있는 사람이 되어야 한다. 거창한 이야기나 멋진 말재주가 필요하지는 않다. 누군가는 내 말을 무시하고, 누군가는 불편하다고 반응하더라도 꺼내 보는 것이다. 그것이 두렵다면, 혼잣말이라도 꺼내 스스로를 다독이자.

"오늘 하루 피곤했어."

그 말 한 마디가 나를 구할 수 있다. 누군가 듣고 귀 기울인다면,

그 또한 나를 구할 수 있다. 침묵이 삶의 한 방식이었다면, 회복도 또 하나의 방식이 될 수 있다.

나는 말이 줄어들었던 시기를 그리 길게 겪지 않았다. 하지만 그 짧은 기간 동안 감정을 흘려보내는 것이 얼마나 중요한지 깨달았고, 잠시 말이 멈춰 있는 동안 할 수 있는 것이 다시 말하는 연습뿐임을 알게 됐다. 내 감정을 들여다봤기에, 그 감정에 이름까지 붙일 수 있기에, 그 감정이 입 밖으로 나와 어디론가 흘러갈 수 있었다.

애쓰는 사람일수록 조용해진다는 건 사실이다. 하지만 그건 더 이상 말하지 않겠다는 선언이 아니라, 언젠가 다시 말하기 위한 준비다. 우리는 모두 감정을 안고 살아간다. 다만 그 감정을 어떤 방식으로 세상에 건넬지는 각자 다른 방식이 있을 것이다. 그것이 자신을 지켜내는 시간이고, 자신을 회복하는 시간이다.

"침묵 속의 나를 돌보는 방법"

- 말 줄인 이유 적어보기 : 침묵의 원인을 글로 남겨본다.
- 감정을 묻는 질문 해보기 : 지금 느끼는 감정을 스스로 확인.
- 하루 한 번 짧게 말하기 : 감정에 대한 짧은 말로 시작.
- 피로한 순간 기록하기 : 말을 삼킨 순간과 이유를 정리.

말하지 않는다는 건, 사라졌다는 뜻이 아니다

현대 사회는 말이 많고 표현이 풍부한 사람을 능력 있고 적극적인 존재로 평가한다. 반면 말수가 적고 침묵을 지키는 사람에게는 무관심하거나 냉담한 사람이라는 편견을 품는다. 그러나 진정한 인간의 감정은 말의 양으로 측정할 수 없다. 오히려 감정이 깊어질수록 말은 자연히 줄어든다.

사람은 자기 내면의 감정을 가장 정직하게 마주할 때, 종종 침묵이라는 방식을 선택하게 된다. 침묵은 무관심이나 거부의 신호가 아니라, 오히려 마음속에 겹겹이 쌓인 감정들을 조심스럽게 보호하는 울타리이다. 침묵의 이면에는 수많은 생각과 감정이 소용돌이치고 있다. 우리가 침묵하는 사람을 보고 "무슨 생각을 하는 거야?"라며 답답해할 때, 그 사람은 훨씬 더 많은 것을 느끼고 있다. 몇 개의 단어로 표현하기 어려운 상태일 수도 있다. 이처럼 인간의 언어는 종종 마음속 깊은 감정을 온전히 담아내기에는 부족할 때가 있다.

감정이 깊고 복잡할 때, 우리는 흔히 침묵을 선택한다. 말을 통한 소통에서 감정은 왜곡되기 쉽고, 때로는 진심이 잘못 전달되어 더 큰 상처를 남기기도 한다. 이러한 위험을 본능적으로 느끼기에 사람들은 말하는 데 신중해진다. 침묵은 단순히 입을 다무는 행위가 아니라, 감정을 지키고 관계를 보호하는 가장 현명한 전략 중 하나이다. 당신이 침묵을 택했다면, 그것은 지금의 최선이 침묵이기 때문이다. 그 또한 하나의 쉼이다.

미국 소설가 루이자 메이 올컷의 『작은 아씨들』에서 주인공 조에 대해 이렇게 적었다. "조는 감정을 드러내는 데 몹시 수줍어했고, 그것을 숨길 수 있다는 것을 자랑스럽게 여겼다." 이 한 문장은 현대인의 마음과도 잘 어울린다. 지나치게 많은 감정을 감당하고 있을 때, 침묵은 감정의 폭발을 막기 위한 필수적인 안전장치가 된다. 조용히 마음을 정리하고, 다시 세상과 건강하게 연결될 준비를 하는 것이다. 침묵 속에서는 내면의 깊은 성찰이 가능해진다. 우리가 말없이 지내는 시간에 비로소 자신을 솔직하게 마주할 수 있다.

끊임없이 바쁘게 살아가는 일상 속에서 우리는 자신을 돌볼 여유를 갖기 어렵다. 하지만 침묵의 순간만큼은 누구의 방해도 없이 오롯이 자기 자신과 마주할 수 있다. 이 과정에서 내면의 복잡한 감정과 문제들을 천천히 정리할 수 있다. 하지만 침묵이 너무 길어지면 감정을 흘려보내는 언어를 잃을 수 있다. 가장 이상적인 조합은 '짧은 침묵과 그 끝에 나온 한 마디'이다. 평범한 수많은 말보다 더 깊은 울림을 가지며, 때로는 관계를 근본적으로 회복시키는 에너지까지 지닌 그 말은 반드시 침묵을 거쳐야만 완성된다.

　침묵을 두려워하지 말자. 침묵은 자기 자신의 가장 정직한 표현이며, 내면을 보호하고 이해하는 가장 효과적인 방식이다. 침묵은 관계의 단절이 아니라 더 깊은 관계를 준비하는 시간이며, 자기 자신과의 단절이 아니라 더욱 깊은 자기 이해를 위한 시간이다. 말하지 않는다는 것은 결코 사라졌다는 의미가 아니다. 오히려 더 큰 진실을 표현하기 위한 준비이며, 가장 깊은 자기 인식의 시작이다. 침묵 속에서 우리는 감정을 진정으로 이해하고, 자신을 있는 그대로 인정할 수 있다. 침묵은 삶의 본질적 의미를 재발견하는 가장 조용하고도 강력한 방법이다.

말하지 못한 감정을 어루만지는 책들

『이반 일리치의 죽음』 _ 레프 톨스토이

국내 출간: 창비, 2012, 이강은 번역

사회적 역할에 충실했으나 진짜 감정은 꾹 눌러온 이반 일리치의 삶은 말 대신 침묵을 택해온 현대인의 초상이 담겨 있다. 감정과 말의 단절이 어떤 내면적 고통을 부르는지 생각할 수 있다.

『호밀밭의 파수꾼』 _ 제롬 데이비드 샐린저

국내 출간: 문예출판사, 1998, 이덕형 번역

주인공은 말하는 게 익숙지 않고, 진심을 표현할수록 더 외로워지는 사람을 대변한다. 세상과 끊임없이 부딪히면서도 "그냥"이라는 말로 진짜 감정을 감추는 그는 침묵의 세계 속에서 살아가는 청춘의 상징이라고 볼 수 있다.

○ 수첩 ●

말 대신 적어두는 감정들이 한 줄씩 눌러 쌓이는
가장 조용한 대화의 장소.

어른이 된다는 건, 감정을 숨기는 일

"우리는 괜찮은 척하는 법을 배운 사람들이다."

어느 날 퇴근 후 집 앞 도로에서 문득 멈춰 섰다. 차를 세우고 하차한 것도 아닌데, 마음이 먼저 멈춰 섰다. 무의식적으로 차 안을 가득 채운 음악 소리의 볼륨을 낮추고 창문을 올렸다. 이유는 없었다. 그냥, 누가 내 얼굴을 보지 않았으면 좋겠다는 마음뿐이었다. 그날따라 더 조용했고, 더 말이 없었다. 입에 붙은 "괜찮아요."라는 말조차도 하기 싫었다. 그 순간 생각했다. '나, 오늘 진짜 아무 표정도 없구나.'

감정을 숨기는 데는 연습이 필요 없다. 반복되는 상황 속에서 몸이 먼저 배워버렸기 때문이다. 처음에는 무례한 말 한 마디에도 얼굴이 굳었지만, 나중에는 웃게 되고, 더 시간이 지나면 반응조차 없이 그저 고개만 끄덕이게 된다. 어른이 되었다는 건 그런 일이 익숙해졌다는 뜻 같았다. 감정을 숨기는 게 마치 매끄러운 사회생활의 일부인 것처럼 느껴지는 시기, '이 정도는 참아야지.' '괜히 예민하게 굴면 내가 손해지.'라는 말들이 나를 만들고, 나를 가둔다.

20대에는 자존심이 강했다. 잘못된 말을 들으면 바로잡고 싶었고, 억울한 상황이면 설명이라도 하려 했다. 그렇지만 반복되는 경험이 나를 조금씩 바꾸기 시작했다. 목소리를 내는 일은 피로가 되었고, 설명하는 것만으로 감정이 소모됨을 느꼈기 때문이다. 그렇게 우리는 무표정이라는 방어막 뒤에 숨는다. 웃지도, 찡그리지도 않는 얼굴. 말을 줄이고, 반응을 조율하고, 표정을 숨긴 채 '괜찮은 어른'처럼 보이기 위해 애쓰며 산다.

무표정은 감정을 잃은 얼굴이 아니라, 감정을 감춘 얼굴이다. 그걸 알면서도 우리는 무표정한 내가 더 편하다고 믿는다. 감정이 들키지 않으면 덜 상처받을 것 같고, 무덤덤하게 보이면 상대도 함부로 하지 않을 거라 여긴다. 하지만 무표정 뒤에는 늘 설명되지 못한 감정들이 고여 있다. 억울함, 외로움, 피로, 서운함, 그 모든 것들이 표정을 만들 틈조차 없이 하루하루를 잠식한다.

한번은 누군가가 내 이름을 부르는 것 같아 뒤를 돌아봤다. 하지만 아무도 없었다. 순간 황당하게도 눈물이 찔끔 고였다. 너무 오랫동안 누군가에게 진심으로 불려본 적이 없었다는 생각. 우리의 이름은 책임의 소환장처럼만 쓰였고, 말 한 마디에 감정을 담는 일은 사치처럼 여겨졌다. 그렇게 우리는 감정 없는 척, 아무렇지 않은 척, 혼자 괜찮은 사람인 척 살고 있다.

돌이켜보면, 단단해지려는 마음은 오히려 자신을 갉아먹고 있었다. 감정을 억누르는 태도가 아니라 감정을 품은 채 살아내는 태도가 진정 어른스러운 것인데, 우리는 너무 오랫동안 그것을 착각하고 있었다. 누구에게도 짐이 되고 싶지 않아서, 혼자서 잘사는 사람처럼 보이고 싶어서, 감추고 또 감췄다.

하지만 결국, 감정을 숨기며 살아가는 일이 가장 무거운 짐이었다. 지금도 우리는 여전히 감정을 다 드러내지 못한다. 여전히 눈치 보고, 여전히 말을 아끼며, 때로는 무표정한 얼굴로 하루를 통과한다. 지금 우리에게 중요한 것은, 적어도 자신에게만은 솔직해지는 것이다. 나에게는 숨기지 말자. 피곤한 날엔 피곤하다고, 외로운 날엔 외롭다고, 괜찮지 않은 날엔 그냥 그렇다고 말해주자.

감정을 감추는 일이 단단함은 아니다

 감정을 숨기는 사람이 더 단단한 사람이라고? 아무렇지 않은 척하는 태도가 성숙하다고? 조절과 부정은 그 방식이 전혀 다르다. 감정을 숨긴다는 건, 단지 '안 괜찮은 나'를 더 이상 인정하지 않겠다는 선언과도 같다. 어른이 된다는 건 감정을 없애는 일이 아니라, 감정을 다룰 수 있는 사람이 되는 일이다.
 하지만 현실은 그렇지 않다. 분노도, 실망도, 서운함도, 피로함도 '드러내지 않을수록 좋은 감정'으로 여겨진다. 그래서 우리는 참는 법부터 배운다. 드러내기보다 삼키기가 더 익숙하다. 그렇게 쌓인 감정들은 내면에 고여 부패한다. 내가 어떤 감정을 느끼고 있는지조차 알아차리지 못할 때, 우리는 정서적으로 단절된 상태에 빠진다. 더는 슬프지도 않고, 기쁘지도 않고, 피곤한지도 모르겠다며 하루를 통과하는 감정의 정지 상태. 몸은 움직이지만, 감정은 멈춘 상태. 감정은 없어지지 않고 멈춰 있다.
 우리가 감정을 외면하면 감정도 우리를 외면한다. 그렇게 우리는 점점 우리 자신으로부터 멀어진다. 그래서 이제는 우리의 감정을 다시 부르는 연습을 해야 한다. 괜찮지 않은 날에는 괜찮지 않다고, 오늘은 너무 피곤했다고, 그 말 한 줄을 자신에게 허락함으로써 감정을 움직일 수 있다. 감정을 단정하려 하지 말고, 감정을 단순히 드러내는 것부터 시작하면 된다.

감정은 조절해야 할 대상이 아니라, 내가 안고 가야 할 삶의 일부이기 때문이다. 그것이 바로 '살아내는' 것이다. 진짜 단단함이란 감정을 없애는 것이 아니라, 감정을 품은 채 삶을 유지하는 능력이다. 슬퍼도 일어나야 하고, 피곤해도 가야 할 때, 감정을 억누르지 말고, 감정과 함께 가고 있음을 알아야 한다. 더는 숨기지 않아도 괜찮다. 감정이 있다는 건, 내가 아직 살아 있다는 증거니까.

"감정을 드러내는 연습"

- 감정 단어를 직접 써보기 : 오늘 느낀 감정을 단어로 기록한다.
- 괜찮다는 말 줄이기 : 감정 상태를 직접 표현해본다.
- 거울 속 표정을 확인하기 : 하루 한 번 내 얼굴을 마주한다.
- 나에게 감정을 허락하기 : 숨기지 않고 그대로 인정해본다.

감정 없는 단단함은 존재하지 않는다

　　차분하고 냉정한 태도, 흔들리지 않는 눈빛과 말 없는 침묵, 우리는 그것을 단단함이라 착각하고 있다. 그러나 그런 단단함은 오래가지 못한다. 진정한 강함이란 감정의 부재가 아닌, 감정의 명확한 인지와 수용 그리고 표현에서 비롯된다.

　모든 감정은 저마다 존재 이유를 가진다. 억울함, 서운함, 외로움, 피로와 같은 감정들은 우리가 살아가는 과정에서 겪는 필연적인 내면의 반응이다. 이 감정들은 우리가 삶을 어떻게 바라보는지, 무엇이 우리를 힘들게 하는지, 무엇이 우리를 기쁘게 하는지를 말해주는 중요한 신호이다. 하지만 현대 사회는 감정을 드러내는 것을 허락하지 않는다. 오히려 표현하는 사람을 유약하다 비난하고, 감정을 숨기는 모습을 미덕이라 부른다. 그 결과 우리는 점점 감정을 억제하는 데 익숙해졌다. 그렇게 본모습과 멀어진 우리는 지금의 삶을 힘들다고 말한다.

　미국 철학자 마샤 누스바움은 『감정의 격동』에서 감정이 인간의 삶과 가치 판단, 행동의 근간을 이루는 중요한 요소임을 밝히며, 감정이 단순히 비이성적이거나 부차적인 것이 아님을 강조한다. 그녀는 인간이 단순히 이성적인 존재일 뿐 아니라, 감정으로 인해 기쁨과 슬픔, 좌절과 행복을 반복하는 존재라고 말한다. 이는 우리에게 감정이 단지 억누르고 무시해야 할 것이 아니라, 삶을 온전히 이해하고 살아가는 데 있어 필수적이며 소중한 것이라는 점을 상기시킨다.

슬픔과 분노, 외로움과 두려움을 인정하고, 그것을 통해 자신을 더 깊이 이해하며, 더 풍부한 인간성을 갖춰야 한다. 진정 성숙한 사람은 슬퍼할 때 슬픔을 부정하지 않고, 분노할 때 분노를 억누르지 않는다. 하지만 무작정 표현하는 것이 성숙함은 아니다. 그 감정을 정직하게 마주하고, 감정을 통해 자신의 내면을 돌아볼 줄 알아야 진정으로 성숙한 사람이라 할 수 있다. 감정은 흔들리거나 약하다는 증거가 아니다. 감정은 우리가 살아 있다는 가장 확실한 증거이며, 삶을 더 깊이 이해하기 위한 가장 근본적인 재료이다.

단단한 사람은 흔들림 속에서도 다시 균형을 찾을 수 있다. 슬픔을 느껴도 그것에 빠져 무너지지 않고, 외롭다면서 타인을 향한 문을 닫지도 않는다. 감정은 우리 삶에 깊이와 역동성을 더해준다. 감정을 숨겨 멈추게 하지 않는 삶, 감정을 온전히 품고 인정하는 삶은 강력하고 깊은 삶이다. 지금 우리에게 필요한 것은 감정 없는 냉정함이 아닌, 감정과의 공존이다. 이제 감정을 억압하지 않기로 한다. 진정한 단단함을 품고, 내 감정을 인정하며 살아가는 삶, 그것이 바로 인간이 도달할 수 있는 가장 아름답고 진실한 모습이다.

감정을 숨긴 어른에게 감각을 돌려준 책들

『감정의 격동』 _ 마샤 누스바움

국내 출간: 새물결, 2015, 조형준 번역

과거로부터 영원히 반복되어 온 '이성적 사유'와 '감각적 지각' 사이의 논쟁에서 출발해 철학, 심리학, 문학, 음악, 동물행동학, 저자 자신의 경험까지 아우르며 인간의 감정에 대해 이야기한다.

『무의미의 축제』 _ 밀란 쿤데라

국내 출간: 민음사, 2014, 방미경 번역

무의미해 보이는 찰나 속에야말로 삶의 진실이 담겨 있음을 이야기한다. 감정 없는 듯 살아가는 이들에게 가장 지적인 위로를 전할 작품이다.

○ 포스트잇 ●

말하지 못한 감정 하나,
조용히 마음에 붙여두는 나만의 신호.

모든 것이 멈춘 날

"우리는 무너지는 순간보다, 무너지지 않기 위해 버틴 순간을 더 오래 기억한다."

누구에게나 온 힘을 다해 뛰어온 끝에 허무함과 마주하는 순간이 있다. 우리는 목표를 세우고, 그 목표를 향해 최선을 다한다. 매일의 수고와 노력이 반드시 성과로 돌아오리라 기대하며 시간을 쌓아간다. 하지만 삶은 때때로 기대와 다르게 흘러간다. 열정을 다하고, 애정과 진심을 쏟아부은 일이 아무런 결과 없이 끝나버릴 때, 우리는 말로 표현할 수 없는 무력감에 빠진다. 그것은 단순한 실패가 아닌, 자신이 믿었던 가치가 송두리째 흔들리는 경험이기 때문이다.

몇 달 전이었다. 무려 1년이라는 시간을 투자해 진심으로 매달렸던 프로젝트가 예상치 못한 이유로 중단되었다. 내 의지나 노력이 부족해서 중단되었다면, 마음을 정리하기 쉬웠을지도 모른다. 그러나 이 일은 내가 통제할 수 없는 이유로 멈췄다. 수많은 밤을 새워가며 자료를 모으고, 문장 하나하나를 다듬으며 마음을 다했고, 내가 가질 수 있던 것까지 기쁜 마음으로 포기하며 매달렸던, 너무나도 큰 기대가 담겨 있던 목표. 이 프로젝트가 마무리되면 모든 노력을 보상받을 것이라 믿었다. 하지만….

모든 것이 멈춘 날, 나는 책상에 멍하니 앉아 아무것도 하지 않았다. 핸드폰은 끊임없이 알림을 보내며 일정을 알렸고, 이메일이 도착했으니 열어보라 재촉했지만, 나는 손가락 하나 움직일 힘조차 없었다. 해야 할 일은 산처럼 쌓여가는데, 사람들은 이전과 다름없이 나를 찾고 있는데, 나는 그 자리에서 움직이지 못했다. 그 텅 빈 순간, 번아웃이 찾아왔다.

"지금까지 이렇게 열심히 살아온 이유가 뭐지?"
"이제 뭘 하지?"
"이걸 해서 뭐가 될까?"

번아웃은 삶의 목표를 이루기 위해 매달렸던 모든 과정을 무의미하게 느끼게 만들었다. 일이 잘되지 않았다는 사실보다, 나 자신이 그렇게 쉽게 무너져버릴 수 있다는 것에 가장 아팠다. 내가 쏟아부은 모든 열정이 짧은 말 한 마디에 완전히 없던 일이 되었음에 허탈했고, 일방적인 프로젝트 종료 통보에 저항은커녕 웃으며 감사하다는 인사를 건넨 내 자신이 비참하고 초라했다. 번아웃은 그렇게 내 감정을 소용돌이 속으로 밀어 넣었고, 나는 흔들리기 시작했다.

사람은 누구나 살아가면서 여러 역할을 수행한다. 직장에서는 책임감 있는 구성원으로, 가정에서는 든든한 가족으로, 때로는 좋은 친구나 지원자로 산다. 그렇게 자신에게 주어진 역할을 충실히 하느라 자신도 모르게 진짜 나를 잃어버리기도 한다. 그렇게 잃어버렸던 진짜 나는 모든 것이 무너지는 순간, 수많은 역할 뒤에 숨어 있다가 슬그머니 모습을 드러낸다.

그날 밤, 나는 거실의 불을 모두 끄고 노이즈 캔슬링 헤드폰으로 귀를 막은 채 가만히 있었다. 그렇게 혼자가 되어 내 감정과 마주했다. 소리 없이 눈물을 흘렸다. 그 울음을 들은 이는 아무도 없다. 가족을 걱정시키고 싶지 않았고, 내가 무너진 모습을 다른 사람에게 보이는 것이 두려웠다.

한참을 방황했고, 내가 그토록 원하던 '아무도 나를 부르지 않아도 괜찮은 하루'도 보내봤다.

'내가 원했던 건 이게 아닌데….'

그러고서 나는 조용히 스스로에게 말했다.

"괜찮아, 여기까지 온 것만으로도 잘한 거야."

이상하게도 그 말이 어색하지 않았다. 그 말이 나 스스로에게 건넨 첫 진심이었다. 생각해보면 나는 언제나 나 자신에게 가장 엄격한 평가자였다. 무엇이든 최선을 다하지 않으면 만족하지 않았고, 잘해도 더 잘해야 한다며 나를 몰아붙였다. 그러나 이제는 그런 내 자신에게 다정함을 보여줘야 할 때가 온 것이다.

우리는 너무 자주 자신을 엄격하게 대한다. 넘어져서는 안 된다는 생각에 무너지지 않으려 애쓰고, 흔들리지 않으려고 필사적으로 힘을 준다. 하지만 결국 스스로를 버티게 하는 힘은 무작정 버티는 것이 아닌, 무너졌을 때 다시 일어설 수 있도록 기다려주는 여유에서 나옴을 깨달아야 한다.

나는 그 후로 아주 조금씩, 천천히 움직이기로 했다. 세상은 여전히 바쁘고, 주변의 기대도 줄어들지 않았지만, 이제는 내 마음의 속도를 중요하게 여기기로 했다. 무너졌던 그 순간을 통해 나를 일으킬 수 있는 사람은 오직 나 자신이라는 사실을 비로소 배웠다. 인생에서 목표를 향해 달리는 것도 중요하지만, 목표를 향해 달리는 나 자신을 잘 돌보는 일은 그 이상으로 중요하다. 모든 것이 무너지고 나만 남았던 그 자리에서, 나는 진짜 나를 만났다. 아무도 없는 어둠 속에서 나를 위로할 수 있는 사람은 결국 나뿐이라는 것을 깨달았고, 그 깨달음은 무너지지 않는 삶이 아니라 무너져도 다시 일어날 수 있는 삶을 살아가겠다는 새로운 다짐으로 이어졌다.

우리 모두에게는 그런 순간이 언제든 찾아올 수 있다. 모든 걸 쏟아부은 후 허무함과 공허함이 밀려오는 그 순간, 자신을 비난하거나 무기력하게 포기하지는 말자. 그 순간을 삶이 보내는 작은 신호라고 생각하자. 잠시 쉬어도 된다는 신호, 나를 다시 찾으라는 신호, 그리고 더 깊이 있는 나를 만날 기회라는 신호.

삶에서 가장 중요한 것은 결국 나 자신이다. 모든 걸 다 쏟아낸 후 홀로 남겨진 그 자리에서 우리는 스스로를 돌아보고 진정한 회복을 시작할 수 있다. 이제 나는 그 순간을 부끄러워하지 않는다. 덕분에 진짜 나를 만났고, 더 튼튼한 다리로 삶을 향해 걸음을 내디딜 수 있게 되었기 때문이다.

무너짐은 회복의 시작이다

우리는 너무 자주 견뎌내려고만 한다. 일이 무너져도, 관계가 흔들려도, 몸이 고단해도, 감정이 메말라도 멈추지 않는다. 세상은 기다려주지 않는다는 것을 누구보다 잘 알기에, 멈추면 책임을 놓는 것 같고, 속도를 줄이면 포기하는 것이라 생각한다. 그래서 애쓴다. 어떻게든 버티고, 어떻게든 해내며 다음을 준비한다. 그렇게 우리는 점점 다음만을 생각하는 사람이 된다. 그런 우리의 삶이 향하는 곳은 어디인가. 끝없이 달리는 삶에 방향이 없다면, 왜 달리는지를 자신에게 물어야 한다.

무너짐은 약하다는 증거가 아니다. 오히려 그것은 내 안에 너무 오래 억눌린 것들을 스스로 끌어내는 방식이다. 정지된 순간에야 비로소 알게 된다. 내가 얼마나 지쳐 있었는지, 그동안 얼마나 스스로를 외면했는지. 감정은 무너지기 전까지 아무런 소리도 들려주지 않는다. 우선 무너져야 회복될 수 있다. 그것은 들리지 않던 나의 목소리를 다시 듣기 위한 불가피한 멈춤이다.

우리는 쉽게 자신에게 무심해진다. 어떤 목표를 향해 달릴 때, 그 목표에 닿는 나보다 그것을 이뤄내는 역할에 자신을 집중한다. 직장인, 작가, 부모, 동료… 수많은 역할에 자신을 맞추는 동안, 진짜 나는 사라졌다. 그리고 모든 일이 멈추자, 덩그러니 남은 진짜 내가 나타났다. 아무도 나를 불러주지 않을 때가 되어서야 비로소 자신에게 말을 걸었다.

"지금, 정말 괜찮니?"

그 질문에는 두려움이 담겨 있었지만, 동시에 앞으로 회복되리라는 희망도 담겨 있었다.

그곳은 출발점이었다. 자기 위로는 가장 확실하고 가장 오래가는 회복의 언어다. 타인의 위로는 어긋나고, 지나가고, 오해되고, 부담이 될 수 있지만, 내가 나를 알아주고, 다독이고, 진심으로 괜찮은지 물을 때, 우리는 다시 움직일 용기를 얻게 된다.

무너지는 순간을 부끄러워하지 말자. 그건 인생이 나에게 건네는 신호다. 멈춰야 한다고, 이제는 속도를 줄여도 괜찮다고. 우리는 그 신호를 무시해선 안 된다. 눈물이 모두 쏟아진 후에 감정이 차분해지면, 숨을 고를 수 있다. 그 순간, 우리는 다시 살고 싶어진다.

"무너짐에서 다시 일어서는 방법"

- 감정을 외면하지 말고 들여다보자 : 무너짐은 감정이 보내는 회복의 신호다.
- 지금의 나에게 다정하게 말하자 : 자기 위로는 가장 오래 지속되는 회복의 언어다.
- 역할보다 '나 자신'에 집중하자 : 직함 뒤에 숨은 진짜 마음을 놓치지 말자.
- 속도를 늦추고 멈춤을 허락하자 : 천천히 가는 것도 살아가는 방법이다.

자기 위로는 가장 근원적인 회복이다

삶에서 무너지는 순간, 우리는 언제나 철저히 혼자다. 주변 사람들의 위로와 격려가 아무리 따뜻하더라도, 마음속 깊은 균열까지는 도달하지 못한다. 외로운 방 안에서 스스로에게 던지는 질문이 울려 퍼진다.

"이렇게 애썼는데 왜 이렇게 된 거지?"

사회적 역할을 충실히 수행하며 최선을 다했음에도, 우리의 마음속에는 항상 채워지지 않는 빈자리가 있다. 우리는 그 빈자리를 타인의 위로로 채울 수 없다는 것을 깨달아야 한다. 방 안 가득 채워진 질문의 메아리는 결국 스스로의 대답을 들어야만 멈춘다. 직접 자신의 목소리로 자신을 일으켜야 한다. 자기 위로는 외로움이나 나약함의 상징이 아니다. 그것은 오히려 자기 존중이지, 삶을 다시 일으키는 힘이다.

"괜찮아, 여기까지 충분히 잘 해냈어."

이 단순한 문장은 타인의 어떤 칭찬이나 격려보다 더 큰 위력을 지녔다. 자기 위로는 삶의 무게를 덜어내고, 다시 나를 세울 수 있는 가장 강력한 치유 주문이다. 이 말 한 마디 속에 스스로를 이해하고 수용하는 깊은 자기애가 담겨 있기 때문이다.

프랑스의 철학자 미셸 몽테뉴는 『수상록』에서, 타인의 결점이나 외부적인 것에 집중하기보다 자기 자신을 탐구하고 성찰하는 것이 중요하며, 이런 자기 성찰을 통해 인간이 얼마나 연약하고 불완전한 존재인지를 깨달을 수 있다고 강조한다. 이는 자기 위로에 대한 깊은 철학을 담고 있다. 타인을 평가하고 상황을 분석하는 데 들이는 노력을 잠시 멈추고, 내면의 연약함과 불완전함을 있는 그대로 받아들이는 것. 이러한 자기 응시와 수용의 과정은 우리가 실패나 좌절을 단지 부정적인 사건이 아닌 삶의 새로운 전환점으로 받아들이게 만든다.

자신을 위로한다는 것은 단지 감정을 달래는 것이 아니라, 삶을 다시 시작하는 근본적인 용기와 희망을 만들어내는 일이다. 진정한 회복은 타인의 인정이나 외부의 성취가 아닌, 자신을 진심으로 받아들이고 이해하는 순간에 이루어진다. 우리가 자신에게 건네는 조용한 위로는 누군가의 격려보다도 오래가고, 어떤 성공의 기쁨보다도 깊은 만족감을 준다.

삶의 진정한 위기는 외부에서 찾아오지 않는다. 우리가 내면에서 우리 자신을 잃어버린다면 그것이 진정한 위기다. 끊임없이 타인의 기대에 부응하려 애쓰다 보면, 우리는 점점 자신의 감정과 욕구를 잊게 된다. 그러다 무너지는 순간에서야 사라진 자신을 마주한다. 이때 필요한 것이 자기 위로이다. 더 이상 외부의 평가에 흔들리지 않고, 오로지 나 자신과의 관계를 새롭게 정립하는 과정인 것이다.

"괜찮아. 여기까지 충분히 잘 해냈어."

더 이상 자기 위로를 부끄러워하지 말자, 숨기지 말자, 두려워하지 말자. 내가 아니면 누가 나를 위로한단 말인가.

나를 다시 일으켜준 책들

『몽테뉴의 수상록』 _ 미셸 에켐 드 몽테뉴

국내 출간: 메이트북스, 2019, 정영훈 엮음

오랜 세월 동안 많은 사람들의 삶에 영감을 주고 외로운 인생에 든든한 길잡이 역할을 해준 충고가 담겨 있는 책. 인간에 대한 몽테뉴의 통찰이 담겨 있다.

『죽음의 수용소에서』 _ 빅터 프랭클

국내 출간: 청아출판사, 2020, 이시형 번역

강제수용소라는 절대적 고통 속에서도 '삶은 의미를 찾는 것'이라는 메시지를 지켜낸 저자의 기록. 아무리 무너져도, 인간은 스스로를 다시 일으켜 세울 수 있다는 믿음을 심어준다.

○ 노이즈 캔슬링 헤드폰 ●

세상의 소음을 지워주는 녀석,
덕분에 가장 깊은 곳에 있는 나의 목소리를 듣는다.

쉬는 시간

〈감정에 이름을 붙여보자〉

어쩌면 지금 당신 안에도 아직 이름 붙이지 못한 감정이 있을 것입니다.
'피곤함'이라는 말로 눌러놓은 슬픔,
'괜찮아요'라는 말 뒤에 감춰둔 외로움,
'할 수 있어요'라는 다짐으로 억눌렀던 불안.
우리의 감정은 늘 그 자리에 있었지만,
우리는 너무 바빠서, 너무 지쳐서, 혹은 너무 오래 참아버려서
그 감정에게 말을 걸어보지 못한 채 살아왔습니다.
이제는 그 마음을 잠시 꺼내놓고,
그 감정에 조용히 이름을 붙여주는 시간을 가져볼까요?

✱ 나의 감정에게 질문하기

1. 오늘 내가 가장 많이 한 말은 무엇인가요?
 그 말 속에는 어떤 감정이 숨어 있었을까요?

 _____
 _____
 _____
 _____
 _____

2. 내가 가장 피하고 싶은 일은 무엇이었나요?
 그 회피의 감정은 두려움인가요, 혹은 지침인가요?

 _____
 _____
 _____
 _____
 _____

3. 오늘 하루, 내 마음이 가장 무거웠던 순간은 언제였나요? 그 무게는 '의무'였나요, '책임'이었나요, 아니면 '외로움'이었나요?

_____
_____
_____
_____
_____

* 감정 기록장

지금 이 순간, 가장 진하게 남아 있는 감정을 글로 풀어보세요.

1. 감정 이름: _____
2. 이 감정은 어디에서 왔나요?: _____
3. 이 감정이 내게 말해주는 것은 무엇인가요?:

_____
_____
_____
_____

2장

아무렇지 않은 척 지나온 시간들

누구나 한 번쯤, 길을 걷다 발걸음을 멈추고 가만히 주변을 둘러본 적이 있을 것이다. 특별히 아름다운 풍경 때문이 아니라, 바쁘게 지나는 사람들 사이에서 잠시 숨을 고르고 싶어서. 혹은 너무도 익숙한 일상 속에서 문득 자신을 잃어버린 느낌이 들어서. 그 순간이 유난히도 기억에 남는 것은, 그 짧은 시간 오롯이 자신을 마주했기 때문인지도 모른다.

살다 보면 우리는 종종 괜찮지 않아도 괜찮은 척 살아가야 하는 순간을 만난다. 아무렇지 않은 표정을 짓고, 별다른 고민 없는 사람처럼 행동하며 나의 슬픔과 외로움, 불안과 같은 감정들은 혼자만의 것이라 숨기고 지낸다. 그렇게 우리는 스스로를 안심시키고, 주변을 안심시켰다 생각하며 하루하루를 견디고 있다. 하지만 가끔씩, 예상치 못한 순간에 숨겨뒀던 감정들이 고개를 든다. 밤늦게 집으로 돌아가는 길, 익숙한 음악이 흐르는 카페, 아무도 없는 방에 홀로 앉아 있을 때, 언젠가 맡아본 향이 느껴질 때⋯ 그 감정들은 내가 전혀 예상하지 못한 모습으로 나타나 내 마음을 흔들어 놓고 간다.

그렇게라도 마음이 스스로의 존재를 알려주는 걸까? 아니면, 이제는 마음을 숨기지 않아도 된다며 나를 쿡쿡 찌르는 걸까? 우리는 괜찮지 않을 때마다 자신을 더욱 외면했다. 타인의 기대에 맞추어, 혹은 나 자신에게 인정받고 싶어서 있는 그대로의 모습은 외면하고, 완벽한 모습을 만들어가려 애쓴다. 하지만 그럴수록 진짜 마음은 점점 더 외롭고 지쳐간다.

이 장에서는 그렇게 숨겨왔던 감정들을 만나게 될 것이다. 아무렇지 않은 척 견뎌왔던 마음들이 얼마나 무거웠는지, 얼마나 많은 이야기를 품고 있었는지 잠시 들여다보는 시간이 될 것이다. 이제 더 이상 괜찮다고 말하지 않아도 좋다. 때로는 그저 괜찮지 않은 채로 머물러도 괜찮다.

나는 아직 완성되지 않은 사람이다

"인생은 완벽해지려는 싸움이 아니라 불완전함과 화해하는 과정이다."

모든 일의 성과 앞에서 우리는 더 완벽해져야 한다고 스스로를 다그친다. 실수하지 않고, 흔들리지 않고, 모든 일이 뜻대로 굴러가기를 바라는 완벽한 삶. 그렇게 목표를 달성하고, 조금 더 좋은 결과를 만들어내고, 설정한 기준을 넘어설 때마다 점점 완벽해지고 있다며 뿌듯해한다. 그러다 문득 깨닫는다. 나는 여전히 완성되지 않은 사람임을. 그 문장이 처음 내 입 밖으로 나왔을 때, 억지로 억누르고 있던 감정들이 하나둘 떠올랐다. 내가 완성되지 않았다는 사실, 내가 너무나도 오랫동안 부정하며 살아온 그 말. 내가 중시했던 '완성'이란 억지로 만들어내는 결과가 아니라 무형의 목표를 향해가는 과정이 아니었을까? 나는 부족한 나를 채우기 위해 나를 완성시켜야 한다는 생각에만 몰두했다. 그리고 그 끝에서 마주한 내 모습은, 여전히 완성되어 있지 않다. 마치 끝이 보이지 않는 터널 속에 갇힌 듯하다.

어릴 적부터 부모님이 꿈꾸던 완벽한 아이로 살기 위해 애썼다. 어른이 되면 원하는 대로 이루어지리라 믿었다. 하지만 현실은 달랐다. 때론 성급했고, 때론 게으르고, 때론 엉뚱한 선택으로 스스로를 밀어붙이고 있었다. 직장을 여러 번 옮겼고, 야심 차게 시작한 사업은 실패로 끝났다. 지우고 싶은 날, 도망치고 싶은 순간이 가득하다. 그 순간들은 가장 아프고, 부끄럽고, 인정하기 싫었던 기억들이다. 그리고 그때마다 끊임없이 질문이 일었다.

"왜 나는 다른 사람들처럼 되지 못할까? 왜 나만 이렇게 부족한 걸까?"

그때는 몰랐다. 내가 원하는 '완벽함'은 무언가를 이루는 것이 아닌, 나를 완성하는 것임을. 무언가를 이루고 싶다는 열망은 분명 컸지만, 어디로 갈지도 모른 채 그저 하루를 버티는 데 집중했던 시절이었다. 내가 바란 것은 늘 완성된 모습이었고, 그 모습을 위해 다른 사람들을 보며 나를 채우려 애썼다. 그러나 결국 그 모든 노력은 나를 만족시키지 못했다. 내가 되고 싶은 모습은 나의 본모습이 아니라, 타인의 시선이 만든 허상이었다. 그 모든 시도가 실패는 아니었지만, 그렇다고 성공도 아니었다.

20대의 나는 여전히 길을 찾고 있었다. 누군가에겐 안정된 이력처럼 보일 수 있는 경력조차, 나에겐 늘 부족함을 감춘 껍질 같았다. 그래서 나는 내가 진짜 원하는 길을 찾기 시작했다. 그것은 완벽하게 다듬어진 길이 아니었다. 울퉁불퉁하고 굽이치는 길이었다. 누구에게도 설명할 수 없는 감정의 흐름을 따라 걸어가며, 나는 조금씩 내가 가야 할 방향을 감지해갔다.

40대가 된 지금도 나는 여전히 묻는다. 책상 앞에 앉아 문장이 막힐 때, 촬영을 앞두고 침묵이 길어질 때, 강연장의 조명이 커지고도 손끝이 떨릴 때.

"내가 지금 잘하고 있는 걸까?"

그 질문은 내가 완성되지 않았다는 증거이자, 여전히 성장하고 있다는 증거다. 이제 나는 그 불안을 부정하지 않고 안고 살아간다. 그것이 나의 성장이고, 진정한 완성이다.

이제는 안다. 완성은 도달해야 할 어떤 결과가 아니라, 삶을 버텨내는 마음의 자세라는 걸. 완벽하지 않아도, 부족하고 흐트러진 모습일지라도, 살아내는 과정 자체가 의미 있다는 것을. 나는 더 이상 완벽하게 살아야 한다는 압박을 느끼지 않는다. 대신, 불안과 부족함을 숨기지 않고 끌어안는 데 집중한다.

우리는 아직 완성되지 않았다. 그래서 살아간다. 더 나은 것을 찾기 위해, 더 나다운 말을 전하기 위해, 더 진실한 감정을 품기 위해 오늘도 살아간다. 아무리 많은 것을 배워도, 경험해도, 모든 순간 불완전함을 느낀다. 그 감정은 불완전함 속에서 나를 발견해 나를 활짝 피워내라는 재촉이다.

완성은 방향이 아니다

사람들은 자기완성을 위해 살아가야 한다고 말한다. 그래서 우리는 일찍부터 완벽한 나를 상상하고 그곳을 향해 달려간다. 흠 없는 실력, 단단한 태도, 정리된 감정, 흔들리지 않는 말투. 그 모든 것을 갖춘 사람이어야 완벽하다고 배웠다. 하지만 그런 사람은 실제로 존재하지 않는다. 어른이 되고도 한참이 지나고서야 알았다. 불안은 줄어드는 것이 아니며, 실수는 늘 반복되는 것이고, 감정은 점점 더 복잡해진다는 것을. 그래서 완성이라는 말이 늘 추상적으로 느껴진다. 완성은 그간 '결과'가 아닌, 태도와 과정이라는 것을 얼마 전에야 깨달았다.

완성되지 않았다는 말은 실패의 고백이 아니다. 그건 스스로를 아직 배우고 있는 존재로 인정하는 용기다. 중요한 건, 지금의 나로도 충분히 살아갈 수 있다는 믿음이다. 누군가는 결과로 나를 평가하고, 또 누군가는 껍데기만을 기억하겠지만, 나는 내 안의 빈틈을 알아보고, 그 빈틈을 다성하게 들여다볼 수 있어야 한다. 우리는 늘 나중을 말한다. '조금만 더 배우면' '조금만 더 견디면' '조금만 더 잘하게 되면'. 하지만 그 '조금만 더'는 완성으로 데려다주는 다리가 아니라, 지금의 나를 끊임없이 미루게 하는 미로

일 뿐이다.

이제는 생각한다. 완성은 도착지가 아니다. 그건 어떤 방향으로 살아가고자 하는 마음의 축에 가깝다. 불완전함을 인정하고, 오늘도 내가 나로서 살아가고 있다는 그 감각. 거기에서 시작된 하루는, 비록 모양이 서툴더라도 충분히 의미 있다. 우리는 누구나 만들어지는 중이다. 때론 무너지고, 때론 다시 일어서고, 어느 날은 후퇴하고, 어느 날은 그저 멈춰 서 있다. 그러나 그 모든 시간이 결국 우리를 앞으로 데려간다. 우리는 실패로 증명되는 사람이 아니라, 멈추지 않는 마음으로 완성되어 가는 사람이다.

"불완전한 나를 안아주는 연습"

- 완성을 목표로 삼지 않기 : 결과보다 과정을 보는 연습.
- 내 안의 빈틈을 받아들이기 : 불완전함도 나의 일부임을 인정.
- 비교의 미로에서 빠져나오기 : '조금만 더'라는 말로 나를 미루지 않기.
- 흔들려도 멈추지 않기 : 불안한 오늘도 의미 있는 진전.

완성이라는 신화에서 벗어나기

우리는 흔히 '완성'이라는 말을 인생의 목적지처럼 설정하고 살아간다. 원하는 대학에 합격하거나, 바라던 직장에 들어가거나, 사랑하는 사람과 결혼하는 순간, 우리는 그때 비로소 완성되어 완벽해질 것이라 믿는다. 그러나 막상 그 순간을 맞이하면 예상과는 다르게 허무함과 공허함이 찾아온다. 기대했던 완벽한 행복은 손에 닿자마자 신기루처럼 흩어져버린다. 왜 우리는 그렇게도 완성을 꿈꾸는 걸까? 그 완성의 순간에 오히려 더 큰 공허를 마주해보고도 그것을 반복하는 이유는 뭘까?

완성이라는 개념은 모순을 품고 있다. 완성은 성장을 멈춘 상태를 의미한다. 하지만 삶은 멈춘 상태에 머무르지 않는다. 물이 한자리에 고이면 썩기 시작하듯, 우리의 삶 역시 멈춘 순간 생기를 잃고 만다. 우리는 완성을 행복이라는 표현으로 치환하기도 한다. 행복에 도달했다면, 완성에 도달했다면, 우리가 그 자리에 그대로 멈출 수 있을까? 삶은 매 순간 새로움과 마주한다. 삶은 흐른다. 변화와 성장 속에서 의미를 찾는 과정이다.

독일의 철학자 한나 아렌트는 『인간의 조건』에서 인간을 "새로운 시작을 할 수 있는 존재"로 묘사하며, 완성된 상태가 아니라 끊임없이 다시 시작할 수 있는 능력이 인간의 본질임을 강조했다. 삶의 가치는 완성된 상태에서 오는 것이 아니라, 매 순간 새롭게 시작하는 그 자체에 있는 것이다. 그래서 우리의 인생은 늘 미완의 상태이다. 불완전하고, 서투르며, 자주 길을 잃고 헤매곤 한다. 그러나 바로 이 불완전함은 너무나도 자연스러운 것이며, 우리의 진정한 인간다움을 보여주는 강력한 증거이다.

 우리가 완성이라는 신화에서 벗어나야 하는 이유는 분명하다. 완벽함을 향한 강박은 우리를 끊임없이 자기 비난과 좌절의 늪으로 빠뜨리기 때문이다. 완벽하지 않다는 이유로 자신을 충분하지 않은 존재로 느끼게 하고, 더 나아지지 않으면 행복할 수 없다고 믿게 한다. 그러나 우리가 진정으로 추구해야 할 것은 완벽함이 아니라, 있는 그대로의 불완전함을 수용하는 것이다. 있는 그대로의 자신을 받아들일 때, 우리는 비로소 자유로워진다. 타인의 시선이나 사회적 기준에 묶이지 않고, 자신만의 기준으로 삶을 살아갈 수 있게 된다.

 삶은 완벽함을 향한 여정이 아니라, 끝없이 이어지는 배움과 성장의 과정이다. 한 가지 목표를 이루었다고 해서 삶이 끝나지는 않는다. 새로운 목표가 다시 시작되고, 새로운 도전과 경험이 우리를 기다리고 있다. 인생의 진정한 아름다움과 가치는 바로 미완성의 과정 속에 있다. 완벽한 작품보다 아직 만들어지고 있는 작품이 더 많은 가능성과 희망을 품고 있다.

이제 우리는 완성을 추구하는 삶이 아니라, 불완전한 자신과 함께 살아가는 삶을 선택해야 한다. 완벽하지 않은 자신을 존중하고, 그 미숙함 속에서도 계속 나아갈 용기를 가져야 한다. 오늘이 완벽하지 않아도 괜찮다. 조금씩이라도 성장하고 있다면 그것으로 충분하다.

완성이라는 신화에서 벗어나려면 자신에게 정직해져야 한다. 완벽하지 않은 상태를 부끄러워하지 않고, 그 상태에서 삶의 진정한 의미와 가능성을 발견할 때, 우리는 가장 인간다운 모습으로 살아갈 수 있다. 완벽한 오늘보다 의미 있는 오늘을 살아가자. 진정한 완성은 완벽한 상태가 아니라, 완벽하지 않은 자신을 사랑하며 매일 새롭게 다시 시작하는 용기 속에 존재한다.

불완전함을 살아내게 해준 책들

『인간의 조건』 _ 한나 아렌트

국내 출간: 한길사, 2019, 이진우 번역

불완전함에 머물러 있는 자신의 상태가 부끄러운 것이 아니라, 변화의 시작점이 될 수 있다는 점에서 오히려 가능성이라는 메시지를 전한다.

『무기여 잘 있거라』 _ 어니스트 헤밍웨이

국내 출간: 문학동네, 2020, 권진아 번역

주인공은 상실과 부상, 사랑의 실패를 겪지만 결국 그 안에서 자기 자신을 다시 구성한다. 완성된 인간이 아니라, 불완전한 채로 살아가려는 사람의 이야기가 깊은 여운을 남긴다.

○ 낡은 연필 ●

부러지고 닳아도 계속해서 무언가를 써 내려가는,
아직 완성되지 않은 나의 흔적.

화려함 뒤에는 늘 조용한 그림자가 있다

"빛이 밝을수록 그림자는 더 어둡다."

강연 무대에 서고, 유튜브에서 책을 소개하고, 책을 집필하고. 어느 순간부터 내 삶은 사람들 앞에 서는 일로 가득 채워졌다. 그러는 사이 강연장에서, 스튜디오에서, 무대 위에서 나는 항상 자신감 있는 모습으로 대중을 만났다. 정리된 말투와 또렷한 표정, 손동작 하나까지 철저하게 계획하고 연습한 치밀한 모먼트.
"형은 진짜 잘나가는 사람이야."
"하루하루 꽉 찬 삶을 살아가는 게 너무 멋져요."
나는 웃으며 고개를 끄덕였지만, 속으로는 말하고 싶었다.
"그건 반만 맞는 말이에요."
사람들 앞에 서는 일은 생각보다 훨씬 더 많은 감정을 소모한다. 그날 컨디션, 머릿속 생각, 마음속 감정… 그 모든 걸 잠시 내려두고, 괜찮은 사람인 척하는 연기를 수없이 반복해야 한다. 무대에 올라가기 전에는 마음을 다잡는 루틴이 필요하고, 말실수를 줄이기 위해 머릿속에서 수차례 시뮬레이션을 돌린다. 그렇게 완벽한 이미지를 유지하려 애쓰는 일이 반복되다 보면, 나를 돌볼 시간은 점점 줄어든다.

'피곤해. 어쩌지, 이건 꼭 해야 하는데….'

강연이 끝나고 돌아오는 차 안에서 그날의 강연 녹음본을 들으며 스스로 강연을 평가하고 피드백한다. 어떤 날은 강연장이 가까워 운전 중에 강연을 모두 검토하지 못하는 날도 있다. 반대로 멀리서 강연을 하고 돌아오는 길에는 시간이 남는다. 그럴 때 홀가분하게 음악이라도 들을 수 있을까? 그렇지 않다. 오직 자동차 엔진 소리만 들리는 차 안에서 내 스스로를 어색하게 느끼는 나를 발견한다. 그 순간 나는 내가 너무나도 멀게 느껴진다. 무대 위에서 열정적으로 행복을 외치던 사람이 지금 아무 말 없이 운전만 하고 있다. 전혀 다른 사람인데 그걸 아는 건 오직 나뿐이다. 고속도로를 달리며 아무 말 없이 운전만 하고 있을 때, 나는 가장 본래의 모습에 가까워진다. 그 시간만큼은 누구에게도 보여지지 않아도 되니까, 아무것도 증명하지 않아도 되니까.

사람들 앞에서 말을 하는 일은 나를 단단하게 만들었지만, 동시에 내 감정을 더 깊은 곳으로 숨기게 만들기도 했다. '누군가의 기대에 부응해야 한다'는 압박은 내 안의 그림자를 더 짙게 만들었다. 한때는 그런 그림자가 있는 줄도 몰랐다. 그저 피곤한 것이라고, 조금 쉬면 괜찮아질 거라고 생각했다. 하지만 시간이 갈수록 점점 내 감정에 솔직해지는 게 두려워졌다. 무언가를 고백하고 나면 지금까지 쌓아온 무언가가 무너질 것 같았다. 그래서 더 많이 웃었고, 더 열심히 말했고, 더 완벽해 보이려고 애썼다. 괜찮은 사람으로 보이고 싶다는 바람은 점점 괜찮은 사람이 되어야 한다는 강박으로 바뀌었고, 어느새 나는 진짜 내 마음을 외면하게 되었다.

지금도 여전히 무대에 서고 사람들 앞에서 말을 한다. 하지만 그 모든 장면 뒤에는 말하지 못한 피로와 혼잣말들이 쌓여 있다. 어느 날 강연을 마치고 차에 타기 전 화장실에 들렀다가 거울에 비친 내 얼굴을 들여다봤다. 나는 여전히 웃고 있었다. 화장실에는 나 혼자밖에 없었는데…. 강연을 마치고 무대에서 내려오고도 한참 동안 미소 짓고 있던 내 얼굴, 뭐였을까? 오늘 강연이 너무 즐거워서? 내 사인을 받아간 청중에게 고마워서? 아니면, 웃어야 하니까? 인상 쓰고 강연하면 안 되니까? 쉽게 설명할 수 없는 감정이다.

어쨌건 환한 미소는 반드시 공허함을 데려오고서야 사라졌다.

그 감정은 무대 위에선 결코 드러낼 수 없는 얼굴이다. '괜찮은 사람'이라는 이미지를 지키기 위해, 나는 오랫동안 내 안의 조용한 목소리를 외면해왔다. 하지만 이제는 안다. 내 안에 감추어두었던 감정은 절대로 사라지지 않는다는 것을. 그 감정은 사라지는 것이 아니라, 점점 더 뚜렷한 실루엣으로 내 곁에 머문다는 것을. 괜찮지 않은 날엔 괜찮지 않다고 말할 수 있어야 진짜 내가 누구인지 들여다볼 수 있다.

그래서 나는 강연을 진심으로 받아들이려 한다. 처음 강연 무대에 올라섰던 날을 되뇌며 그토록 원하던 청중과의 만남을 권태롭게 여기지 않으려 부단히도 기억을 끌어올린다. 이것 또한 내 목소리니까. 누군가의 강요는 조금도 섞이지 않은 오직 나만의 목소리니까. 우리에게는 자신의 목소리를 듣는 연습이 필요하다. 말을 멈추고, 조용히 숨을 고르며, 내 그림자와 나란히 걷는 법을 익혀야 한다.

완벽한 척은 오래가지 못한다

 사람들 앞에 설수록 나는 내 안의 목소리를 외면했다. 강연장에서는 괜찮은 사람처럼 말해야 했고, 유튜브에서는 밝은 모습만 보여야 했다. 내가 좋아서 시작한 일이었고, 그 순간만큼은 진심이었다. 하지만 어느 순간부터 진심보다 연기하는 시간이 늘어났고, 감정보다 역할에 집중하는 일이 많아졌다.

 나는 누군가의 기대에 맞춰 살아가는 사람처럼 굴었고, 그렇게 사는 걸 잘하는 사람이기도 했다. 하지만 그럴수록 진짜 내 마음은 흐려졌다. 내가 지금 행복한 건지, 지친 건지, 이 일을 정말 계속하고 싶은 건지조차도 명확하지 않았다. 모든 감정을 일시 정지한 채, 해야 할 일만 바라보며 달려가는 기분. 무대 위의 나는 늘 그렇게 보여야 했다. 단단하고 흔들림 없어야 했고, 어떠한 날카로운 지적과 질문에도 감정을 드러내지 않겠다고 다짐했다.

 그렇지만 무대 아래의 나는 달랐다. 자주 멈췄다. 아무도 없는 집에 돌아오면, 조명이 꺼진 무대처럼 공허함을 느꼈고, 말 없는 시간이 길어질수록 스스로를 낯설어했다. "내가 진짜 이 일을 좋아하는 걸까?"라는 질문을 마음속에서 수없이 되뇌었다. 그리고 마침내, 그 질문에 정직해지기로 했다. '완벽한 척은 오래가지 못

한다.'

이제는 안다. 괜찮은 사람처럼 보이고 싶은 마음은 이해하지만, 그 역할이 내 삶의 전부가 되어선 안 된다는 것도 안다. 그래서 나는 더 이상 '좋아 보이려는' 일보다 '진짜 나로 살아가려는' 일을 선택하기로 했다. 거창한 선택은 아니다. 말하고 싶지 않은 날엔 침묵하고, 피곤한 날엔 쉬고, 나 자신에게도 "오늘은 조금 힘들었다."고 솔직히 말하는 것. 내 감정을 무대 뒤에 두고 오지 않는 것. 무대 위의 나와 아래의 나 사이의 간극을 줄이는 것. 그렇게 스스로를 지키는 법을 배우는 중이다.

지금의 나는 예전보다 덜 완벽하지만, 더 진실하다. 웃고 싶지 않을 땐 웃지 않고, 피곤한 날엔 아무것도 하지 않으며, 다른 사람의 기대보다 내 감정을 먼저 챙긴다. 그 변화는 천천히 왔고, 아직도 어색한 순간들이 많지만, 분명 나를 덜 아프게 만든다. 이제는 괜찮은 사람처럼 보이기보다, 괜찮지 않은 나를 솔직하게 보여주는 쪽을 택한다.

그렇게 내가 나에게 솔직해질수록, 다른 사람의 마음도 더 깊이 들여다볼 수 있다는 걸 알게 되었다. 진심이란, 단단함에서가 아니라 솔직함에서 비롯됨을 이제는 믿는다. 빛의 무게를 견디는 사람이 되기보다는, 그림자와 함께 걷는 사람이 되고 싶다. 무대 위의 나와 무대 아래의 나 사이의 거리, 그 사이에 놓인 감정들을 외면하지 않는 사람이고 싶다. 그렇게 진짜 내가 되어가고 있다.

"'괜찮은 사람'이라는 가면을 벗는 연습"

- 감정 사용 전 확인하기 : 무대나 촬영 전, 지금 내 마음부터 점검.
- 연출된 밝음은 줄이기 : 늘 웃기보다, 솔직한 표정도 허용하기.
- 무대 뒤 감정 챙기기 : 환한 조명 뒤 혼잣말도 소중히 다루기.
- 완벽함 대신 정직함 선택하기 : '괜찮다'보다 '오늘은 힘들다'에 가까이 서기.

진실은 무대 뒤에서 태어난다

누구나 모두가 보는 앞에서는 최선을 다한다. 사회가 우리에게 기대하는 모습이 있기 때문이다. 단정한 옷차림과 세심하게 준비한 언어, 적당히 진지하고 열정적인 표정으로, 마치 그런 모습이 본래의 나인 양 살아간다. 타인의 기대를 만족시키고 완벽해 보이길 바라며, 자신을 계속 다듬고 연출한다. 그렇게 우리의 일상은 끝없이 반복되는 무대 위 공연처럼 흐른다.

그러나 진짜 삶이 펼쳐지는 곳은 무대 위가 아니라 그 뒤편이다. 무대에서 내려온 후, 밝은 조명이 꺼지고 카메라가 돌아가지 않는 순간, 꾸며온 모습과 진짜 나 사이의 경계가 드러난다. 그 경계에는 감춰뒀던 우리의 진실한 감정이 존재한다. 사회적 역할이라는 무거운 갑옷을 벗은 순간, 어두운 공간에 홀로 남겨진 순간 우리는 진짜 자신을 마주한다. 무서워하거나 도망치지 말고 붙잡아야 한다. 감정은 가만두면 우리를 붙잡지도 따라오지도 않고 그대로 멈춰 있다. 감정에 손을 내밀고, 품에 안아 가까운 곳으로 데려와 흘려보내 줘야 하며, 그것은 온전히 내가 해야 할 일이다.

돌이켜보면, 우리는 모두 어릴 적부터 진심을 숨기는 방법을 배웠다. 웃고 싶지 않아도 웃어야 하고, 슬픈 일이 있어도 괜찮은 척

해야 했다. 특히 사회생활을 시작한 이후부터는 감정을 솔직히 드러내는 것이 오히려 어색하고 불편하게 느껴졌다. 그래서 사람들은 자신의 진짜 모습을 철저히 감춘다. 아무리 피곤해도 웃음을 유지하고, 아무리 지쳐도 열정적인 모습을 연출한다. 그렇게 진심은 외면당한 채 마음속 깊은 어둠 속에 묻혀간다.

하지만 그렇게 묻어둔 감정들이 사라지지는 않는다. 오히려 더 깊은 곳에서 더욱 선명하게 살아난다. 화려한 조명이 꺼졌을 때, 집으로 돌아오는 길의 텅 빈 자동차 안에 혼자 있을 때, 아무도 듣지 않는 공간의 고요함 속에서⋯ 그 감정들은 우리를 더욱 강하게 두드린다. 무대 위에서 억눌렸던 피로와 외로움, 두려움과 슬픔 같은 감정들이 밀려오는 것이다.

무대 위에서의 완벽한 모습만이 내 진짜 모습이라 믿고 싶지만, 실제로는 무대 아래 그림자 속의 내가 훨씬 더 진실하다는 것을 우리는 이미 알고 있다. 삶은 항상 빛과 어둠의 교차 속에서 진실을 놓아둔다. 그곳에 있는 진실을 마주할 용기가 필요하다.

고대 그리스의 철학자 에픽테토스는 '자기 자신을 다스릴 수 없는 사람은 자유롭지 않다'는 사상을 전한다. 이 말은 삶에서 진정으로 자유로운 존재가 되기 위해서는 감정을 숨기거나 외면하지 말고, 정직하게 마주해야 한다는 뜻이다. 타인의 시선이나 사회적 기대 속에서 자신을 가두지 않고, 있는 그대로의 자신을 마주하는 일이야말로 삶의 진정한 자유와 행복을 가져오는 길이다.

진정한 삶은 타인의 기대를 충족시키는 데 있지 않다. 오히려 그 기대를 내려놓고 자신에게 정직하게 다가가는 용기에서 비롯된다. 타인의 박수나 인정이 아닌, 스스로에게 건네는 진심 어린 한 마디가 우리를 다시 살아가게 한다.

"오늘은 정말 힘들었어."

이렇게 전한 솔직한 한 마디는 수백 마디 칭찬과 화려한 응원보다 더 깊이 내 안에 새겨진다. 누군가 앞에서 완벽한 모습을 연출하는 대신, 무대 뒤의 어두운 공간에서 진짜 자신의 감정과 마주 앉아 건네는 솔직한 말 한 마디는 우리를 더 강하고 단단하게 만든다. 진실한 침묵이 삶을 더 가치 있고 풍요롭게 만든다.

진실은 오직 무대 뒤에서, 아무도 보지 않는 고요한 순간에서 모습을 드러낸다. 그 진실과 마주할 때 우리는 비로소 진짜 자신의 감정을 회복하고, 삶의 진정한 가치를 발견할 수 있다. 가장 화려한 조명보다 더 밝고 따뜻한 빛으로 우리 안의 진심을 비춰 주자.

화려함 이면의 고요를 들여다보게 해준 책들

『앵케이리디온, 내 맘대로 되지 않는 세상에서 살아남고 싶을 때』 _ 에픽테토스

국내 출간: 이소노미아, 2022, 신혜연 번역

에픽테토스의 제자이자 역사가인 아리아노스가 스승의 말씀을 기록한 책으로, 모든 것을 혼자 짊어지고 살아가야 하는 현대인에게 위로를 전한다.

『인간 불평등 기원론』 _ 장 자크 루소

국내 출간: 펭귄클래식코리아, 2015, 김중현 번역

인간의 본원적 행복과 자유를 타락시킨 화려함과 문명의 진보에 대해 이야기하는 18세기 가장 혁명적인 저작 중 하나다.

○ 손거울 ●

겉을 다듬기 전에,
속을 먼저 들여다보게 해주는 작은 진실의 창.

나 아닌 모든 사람이 멀리 앞서가는 것 같을 때

"SNS는 누군가의 무대 뒤를 보여주지 않는다."

30대에 접어들어 직장에서 어느 정도 능력을 인정받기 시작하고, 더 높은 책임감을 요구하는 일을 감당하게 되었다. 프로젝트에서 성과를 내고, 회의 자리에서도 의견을 자신 있게 말해야 하는 자리. 겉으로 보자면 어느 정도 자리를 잡은 모습. 일정한 직장에 다니고, 나름의 루틴을 지키며, 무언가를 꾸준히 해나가는 모습. 어른이 된다는 건 이런 모습이리라 막연히 상상해왔던 것과 비슷했다.

하지만 이상하게도, 그 시기의 나는 스스로가 뒤처진 사람이라 생각했다. 세상이 너무 빠르게 달리는 것 같았고, 내가 흐름을 따라가지 못한다는 생각, 혼자만 멈춰 있는 기분.

휴대전화를 열어보면, SNS에는 여전히 누군가의 전환점이 올라온다. 결혼, 출산, 승진, 이직, 창업, 집 장만. 누군가는 가족을 꾸렸고, 누군가는 자기만의 브랜드를 만들었다. 좋아요 수는 늘 많았고, 댓글이 넘쳐난다. 모두가 무언가를 이룬 듯한 그 장면 앞에서 우리는 아무 말 없이 그 화면을 넘기고 있다. 그들은 무대 위를 뛰는 사람들 같고, 우리는 조명 꺼진 구석에서 방향을 잃은 것 같다. 다른 사람들의 이정표가 우리를 향한 질문처럼 느껴진다.

'너는 지금 어디에 있니?'
'넌 뭘 하고 있는 중이니?'
'아직도 거기에 있는 거야?'

그 시절의 나는 많은 것들을 하고 있었다. 회사에서는 리더십을 요구받았고, 퇴근 후에는 나만의 작업을 조금씩 이어가고 있었다. 하고 싶은 것이 참 많았다. 그럼에도 마음은 늘 허전했다. 아무리 바쁘게 살아도 내가 나아가고 있다는 느낌이 없었다. 무언가에 쫓기듯 하루를 보내고 나면, 오직 피곤함만 남았을 뿐이다.

비교는 나도 모르게 시작됐다. 처음엔 아무렇지 않게 보던 타인의 소식이 어느 순간부터 마음을 무겁게 했다. 나는 왜 아직 여기에 있는 걸까. 나는 왜 아무 변화도 만들어내지 못하고 있는 걸까.

내가 이토록 노력하고 있음에도 왜 여전히 부족한 사람처럼 느껴지는 걸까. 이런 생각이 쌓이자, 스스로에 대한 확신이 흔들리기 시작했다.

'혹시, 방향을 잘못 잡은 건 아닐까?'

매일 아침 일어나서 출근하고, 일하고, 돌아오는 그 하루가 마치 회전문처럼 반복되었고, 나는 그 안에서 점점 무기력해져 갔다. 아무리 앞만 보고 달려도 도착하는 느낌이 없었다. 계속해서 무언가를 해야만 할 것 같은 조급함이 나를 사로잡았다.

그러던 어느 밤, 아무 약속 없이 일찍 퇴근한 날이었다. 저녁을 먹고도 한참을 멍하니 앉아 있었다. 불도 켜지 않은 거실에서 나는 가만히 창밖을 바라보았다. 도시의 불빛은 여전히 밝았고, 그 속을 오가는 사람들은 여느 때처럼 분주해 보였다. 하지만 내 마음은 유난히 조용했다. 그 조용한 어둠 속에서 문득 이런 생각을 떠올렸다.

"남들보다 느리게 간다고 해서 틀린 건 아니잖아."

그 말은 초조해하던 내 마음을 진정시켜 주었다. 남들과 속도를 비교하며 느끼던 조급함이 서서히 가라앉았다. 빠르게 나아가는 사람들 틈에서 무언가를 증명해야 한다는 압박감에서 잠시 벗어날 수 있었다.

다른 누군가보다 빠르게 가야 할 이유는 없었고, 지금 내가 어디쯤 있는지는 남이 아니라 내가 정하면 되는 일이었다. 그날 이후, 나는 비교를 멈추기로 했다. 누군가의 속도가 아닌, 내가 감당할 수 있는 속도로 살아보자고 마음먹었다.

여전히 세상은 바쁘게 돌아가고, 주변 사람들의 소식은 빠르게 업데이트되지만, 나는 내 리듬을 따르기로 했다. 속도를 줄이면, 비로소 내 안의 소리가 들린다. 하루를 어떻게 보내고 싶은지, 나는 무엇에 감동하고 무엇에 피로를 느끼는지, 그런 감각들이 천천히 살아난다.

지금 나는 그 소리를 따라, 조금 느리지만 확실한 걸음으로 걷고 있다. 그렇게 나만의 속도로 하루를 살아내며, 나는 조금씩 나 자신에게 돌아간다.

그래, 이걸로 지금은 충분하다.

느림에도 온전한 의미가 있다

우리는 사회가 정해놓은 타이밍에 맞춰 살아간다. 언제쯤 졸업하고, 언제쯤 취직하고, 몇 살에 결혼하고, 몇 년차에 승진해야 하는지. 이 모든 시간표는 마치 누구에게나 적용되는 공식처럼 굳어져 있다. 그래서 그 기준에서 벗어나면 실패자라 불린다.

나도 그랬다. 19세라는 조금 빠른 나이에 사회생활을 시작한 것이 유리하리라 생각했지만, 어느 순간 뒤처졌다는 생각이 들었고, 그 조급함은 나 자신을 의심하게 만들었다. 내가 가고 있는 길이 맞는지, 지금의 이 속도가 적당한지 의심하기 시작했다.

문제는 속도가 아니라, 그 속도를 비교하는 시선이다. 다른 누군가의 리듬에 나를 맞추려 애쓸수록 내 감정은 점점 무뎌지고, 삶의 목적지는 희미해진다. 하지만 느리다고 해서 실패는 아니다. 느림은 깊은 성찰이며, 나만의 속도를 회복하는 과정이다. 빠르다고 해서 멀리 가는 것도 아니고, 느리다고 해서 멀리 가지 못하는 것도 아니다. 중요한 것은 얼마나 나답게 걸었느냐는 것이다.

다른 사람의 성과가 내 삶의 기준이 될 수 없다. 누군가는 내 눈에 화려해 보이지만 속으로 무너지고 있는지도 모른다. 누군가는 느리고 조용하게 보일지언정, 내면은 단단할 수 있다. 늘 타인의 일부만을 보고 내 전부와 비교한다. 그렇게 스스로를 깎아내린다. 그건 불공정한 경쟁이다.

삶의 속도는 저마다 다르다. 어떤 길은 일찍 열리고, 어떤 길은 돌아서야만 닿는다. 그 길을 나만의 걸음으로 걷는 것이 중요하다. 천천히 걸어도 괜찮다. 빠름과 느림조차 상대적인 개념이기에, 누구에게는 빠르고 누구에게는 느릴 수 있다. 어떻게 그런 것이 삶의 기준이 될 수 있겠는가.

이제는 안다. 다른 사람보다 빨리 가야 할 이유는 없고, 내 걸음에도 충분한 의미가 있다는 것을. 세상의 속도에 맞추기보다는 내 감정의 속도에 맞추는 것이 더 중요하다. 멀리 가지 않아도 괜찮다. 멀고 가까운 것 또한 상대적이다. 그저 지금 이 자리를 충분히 살아내는 것, 그것이 내 삶을 가장 깊이 있게 채우는 방식이다.

"비교와 조급함에서 벗어나는 연습"

- SNS 사용 전 마음 점검하기 : 남의 삶을 보기 전, 지금 내 감정부터 살펴보기.
- 기준을 남에서 나로 옮기기 : '어디쯤 와 있나'는 질문을 스스로에게만 하기.
- 나만의 속도 기록하기 : 하루 끝에 내가 감당한 속도를 되돌아보기.
- 천천히 걸어도 괜찮다는 문장 되뇌기 : 속도가 아닌 방향을 믿는 연습.

비교의 속도에서 감정의 속도로

우리는 자신을 너무나도 자주 타인과 비교하고 평가한다. 그렇게까지 할 필요는 없는데, 그런다고 더 나아지는 것도 아닌데 말이다. 매번 타인의 성공과 성취를 나의 부족함이라 느끼는 데 에너지를 쏟고 있다. 경쟁 기준을 속도라 생각하며 빠르게 달리는 사람을 보면, 자신을 자책하며 초조해한다. 아니다. 삶이 우리에게 던지는 진짜 질문은 얼마나 빨리 가느냐가 아닌 '어디로 가느냐' '왜 가느냐'이다.

속도를 기준으로 삶을 평가할 때, 우리는 자신을 가장 빨리 잃어버린다. 현대 사회는 언제나 빠른 성과와 즉각적인 결과를 요구한다. 세상은 효율과 속도를 가치로 여기며 이것이 곧 성공이라는 등식을 강요한다. 하지만 우리가 세상의 속도에 맞추기 위해 계속 달리면 반드시 지치는 순간을 만나게 된다. 그러다가 포기한다. 하지만 세상이 우리를 무조건 주저앉히기 위해 존재하는 것만은 아니다. 위기와 기회를 늘 쥐여준다.

지쳐서 멈춰 서는 순간 우리는 그것을 위기로만 받아들이지만, 분명 그 안에는 기회도 있다. 멈춰 섰을 때 비로소 자신을 돌아볼 수 있기 때문이다. 지금껏 내가 왜 이렇게 달려왔는지, 무엇을 위해 달리고 있는지 그것을 모른 채 달렸다는 사실을 깨닫는 것. 그곳에서 진정한 성장이 시작된다.

달리지 말라는 것이 아니다. 세상의 속도가 나쁘다는 것이 아니다. 나 혼자 사는 세상이 아니기에 맞춰야 할 때도 있다. 그저 그 길 위에서 자신을 돌아보는 순간이 필요하다는 것이다.

감정을 머무르게 하지 않고 흘려보내는 것은 중요하다. 그렇지만 감정은 그리 빠르게 흘러가지는 않는다. 감정은 조용히, 천천히, 그리고 깊숙이 흐른다. 빠르게 흐르는 강물보다 고요한 호수에 달빛이 더 선명하게 비치듯, 감정 또한 고요한 내면에서 본연의 모습을 드러낸다. 감정을 무시하고 속도에만 집중하면, 방향을 잃게 된다. 우리는 그렇게 내면의 진실과 멀어지다 위기를 만나게 된다.

반대로 감정을 존중하며 자기만의 속도를 유지하는 것이 중요하다. 어차피 상대적이기에 빠르건 느리건 상관없다. 가장 진실한 자신과 만나 속도를 합의할 필요가 있다. 타인과의 비교가 가져오는 초조함은 결국 자기 자신과의 소통을 단절시킨다. '남들보다 빨리, 남들만큼 잘해야 한다'는 강박 속에서 우리는 나만의 감정과 온도를 무시한다.

'나만 뒤처진 것 같다'는 생각은 속도 때문에 생기는 문제가 아니다. 그것은 내가 아직 나를 제대로 바라보지 못했다는 신호이며, 나 자신과 더 깊이 대화해야 할 때라는 의미이다.

소설가 레이먼드 카버의 『대성당』의 마지막 장면에서는 주인공이 맹인 로버트와 함께 대성당을 그리며 새로운 경험과 내면의 변화를 겪는 모습이 인상적으로 그려진다. 『대성당』은 삶의 본질을 속도보다 태도의 문제로 바라보게 하며, 빠르게 달려도 목적지를 찾지 못했다면 잠시 속도를 늦추고 주변을 살피며 새로운 길을 찾을 필요가 있다는 메시지를 내포한다. 이처럼 작품은 인생의 태도와 내면의 변화, 그리고 타인과의 소통의 중요성을 강조한다.

인생의 길은 직선으로 뻗은 도로가 아니라 구불구불한 미로와 같다. 한 방향만을 고집하다가 실패했다면, 결과적으로 조금 느려지더라도 다른 길을 선택하면 된다. 얼마나 빨리 도착하느냐보다 끝까지 걸었느냐에 집중하자. 빠르게 달릴 때는 주변의 풍경을 볼 수 없다. 천천히 걸으면 보이지 않던 것들을 볼 수 있다. 반드시 주변을 봐야 하는 것은 아니지만, 세상에는 무심코 지나치기엔 아름다운 것들이 너무나 많다.

느림과 멈춤은 자기 감정을 소중히 여기는 방식이다. 진정한 자기 존중의 표현인 것이다. 만약 당신이 누군가의 속도와 자신의 속도를 비교하며 스스로를 다그치고 있다면, 잠시 멈춰야 한다. 나의 삶은 결코 타인의 속도로 측정할 수 없다. 나만의 속도는 절대적이고, 세상의 속도는 아무리 내가 맞추려 해도 상대적이다.

우리는 감정을 살아낼 때 비로소 자기 삶의 주인이 된다.

세상이 빠르게 가라 재촉할지언정, 우리는 지금 이 순간을 둘러보고 나만의 속도로 가면 된다. 그렇게 끝까지 가면 된다. 위기와 함께 온 기회를 외면하지 말자. 삶 속에서 진실을 발견하고, 그 안에서 자신을 찾는 것이 우리가 진정으로 원하는 삶으로 가는 여정이다.

자기 발견을 용기 있게 도와준 책들

『자아의 원천들』 _ 찰스 테일러

국내 출간: 새물결, 2015, 권기돈, 하주영 번역

타인의 시선이 아니라, 내면의 목소리에 귀 기울일 때 비로소 진짜 자아를 발견할 수 있다고 말한다. 삶의 속도보다 방향이 중요하다는 메시지와 함께 비교에 지친 이들에게 단단한 기준점을 제공한다.

『대성당』 _ 레이먼드 카버

국내 출간: 문학동네, 2014, 김연수 번역

무라카미 하루키가 에세이 『직업으로서의 소설가』를 통해 자신의 가장 소중한 문학적 스승이라 말한 레이먼드 카버의 단편집. 간결한 문체와 일상적인 대화로 삶을 스케치하듯 보여주는 작품이 수록되어 있다.

○ 모래시계 ●

쏟아지는 속도에 휩쓸리지 않고,
나만의 리듬으로 천천히 쌓아 올린 시간.

조용히 울고 있는 내 마음을 꺼내어 본다

"마음이 아플 때, 몸 어딘가가 진짜로 아픈 것처럼 느껴질 때가 있다."

늦은 시간까지 일을 하고 집으로 돌아가는 늦은 밤, 도로가 한산하다. 출근길의 복잡한 교통도, 사람들과의 정신없는 대화도, 시간에 쫓기는 긴장감도 잠시 멈춘 밤이다. 창밖에는 아무도 없었다. 주차장에 차를 세우고 나서도 한동안 그대로 앉아 있었다. 시동을 껐지만 음악은 멈추지 않았다. 나는 그 안에서 이상하리만큼 고요함을 느꼈다. 일도 끝났고, 하루도 마무리되었고, 겉보기에 무탈한 하루를 살아냈다. 그런데도 마음 한편이 허전하다. 설명할 수 없는 공허함이 뿌연 안개처럼 채워져 있다.

우리는 종종 말로 설명되지 않는 감정을 안고 산다. 별일 없는 하루였는데도 울컥 눈물이 쏟아질 것 같은 날이 있다. 일상이 괜찮아 보이는데 마음은 그렇지 않을 때가 있다. 감정은 늘 논리보다 먼저 움직인다. 피로가 누적되어서일 수도 있고, 쌓여온 스트레스가 한순간에 무너져내리는 것일 수도 있다. 아니면, 그저 너무 오래 나 자신을 외면하고 살았다는 신호일지도 모른다. 차 안은 내 감정이 드러나는 유일한 공간이었다. 직장에서는 강한 척해야 했고, 가족에게는 힘들지 않은 척해야 했지만, 이 작은 운전석 안에서는 그럴 필요가 없다. 작고 조용한 그 공간에서 말로 꺼내지 못했던 감정들을 떠올린다. 서운함, 억울함, 외로움, 그리고 이유 모를 슬픔. 하나씩 이야기로 꺼내놓자면 사소하지만, 내 마음에는 결코 작지 않은 감정들로 남아 있다.

 그토록 주변이 신경 쓰이고 눈치 보인다면, 아무리 그렇지 않다고 설명해도 계속 신경이 쓰인다면, 아무도 보지 않는 곳에서 울어보는 건 어떨까? 그 울음은 누구에게 보이기 위한 것도 아니고, 어떤 위로를 기대하는 것도 아니다. 그저 내 마음이 오랫동안 눌러두었던 감정들을 밖으로 흘려보내는 일이다. 스스로조차 눈치채지 못했던 감정을 짙게 담아 울음을 터뜨려보자. 다 울고 나면 속이 시원할 것이다. 아무것도 달라지지 않았다 해도 괜찮다. 내 감정을 흘려보냈으니 우리는 다시 있던 곳으로 돌아갈 수 있다.

 감정은 시간이 없다고, 여유가 없다고, 바쁘다고 사라지지 않는다. 조용히, 천천히, 어떻게든 우리가 약해진 틈을 비집고 올라온다. 사람들과 어울릴 때는 웃고 떠들지만, 혼자 있을 때 문득 눈물이 나는 이유는 그 때문이다. 너무 오래 감정을 참는 법을 배워왔고, 괜찮은 척하는 데 익숙해졌기 때문이다. 내겐 운전하며 듣는 음악이 어느 날은 위로였고, 어느 날은 도피였다. 그 익숙한 멜로디 속에 내 감정을 담아 그 순간의 감정을 건드려본다. 그 노래를 따라 부르며 억지로라도 화를 가라앉히려 버틴 날도 있었고, 신나는 음악을 들으며 눈물이 찔끔 고인 날도 있었다. 감정은 그렇게 예고 없이 찾아와 나를 멈춘다.

누구나 혼자가 되는 시간이 있다. 혼자일 때만 들리는 마음의 목소리도 있다. 나에게 그 공간은 자동차 운전석이다. 아무에게도 보이지 않는 곳에서, 누구의 시선도 닿지 않는 곳에서, 나는 진짜 내 감정을 꺼내어 볼 수 있는 공간. 그건 결코 약함이 아니다. 오히려 감정을 꺼내어 바라보는 경험으로 인해 엄청난 용기를 얻는다. 감정은 정리해야 할 대상이 아니다. 설명되지 않아도 괜찮다. 느껴지고 있다면 충분하다. 가끔은 소리 없이 울어도 괜찮고, 이유 없이 무너져도 괜찮다. 중요한 건 그 감정을 스스로 인정하고, 다정하게 바라보는 것이다.

바쁜 하루 속에서도, 누군가의 기대를 감당하는 와중에도, 우리는 자기 자신을 잃지 않아야 한다. 우리는 모두 감정을 안고 산다.

조용히 울고 있는 마음 하나쯤은 누구에게나 있다. 그 마음을 꺼내어 볼 수 있는 용기, 그리고 그 감정을 받아줄 수 있는 공간이 있다면, 우리는 다시 살아갈 힘을 얻게 된다. 그리고 오늘, 나에게 그 공간은 여전히 차 안이다.

감정을 꺼내 보는 용기

아무 일도 없었다는 말에는 수많은 감정이 눌려 있다. 설명할 수도, 정리할 수도 없는 복잡한 감정들을 말 한 마디로 덮어버린다. 바쁘게 살다 보면, 내 마음을 들여다볼 틈이 좁아진다. 감정은 어느새 일상 뒤로 밀려나고, 울음은 이유를 잃은 채 마음속 어딘가에서 감춰진다.

그날 밤의 조용한 눈물처럼 감정은 우리 안에서 쉼 없이 말을 걸어 온다. 하지만 우리는 그 목소리를 매번 무시한다.

'지금은 그럴 시간이 없어.'
'이 정도쯤은 다들 참고 살잖아.'

그렇게 스스로를 달랜다는 핑계로 감정을 덮는다.

그럼에도 감정은 사라지지 않는다. 말해지지 못한 감정은 마음의 무게로 남는다. 우리는 감정을 꺼내 보는 일이 두렵다. 울음이 터질까 봐, 나 자신이 연약해질까 봐, 혹은 다시는 되돌릴 수 없을까 봐 두려워한다. 그래서 우리는 웬만하면 그 마음을 무시하려 한다. 하지만 한번 울어보면 안다. 진짜 용기는 그 감정을 회피하지 않고 조용히 꺼내 마주하는 것임을. 울음이 터지는 순간, 약해지는 것이 아니라 치유되고 있음을.

감정은 정리할 필요가 없다. 꺼내놓기만 해도 알아서 정리되는 것이 감정이다. 꼭 누군가에게 털어놓는 것만이 감정을 꺼내는 건 아니다. 만약 타인에게 꺼내놓는 것이 편하다면 그렇게 하면 된다. 하지만 그 이후의 일도 모두 자신이 감당해야 한다. 내가 택한 방법은 울음이다. 아무도 없는 곳에서, 그 누구도 내 울음을 감지하지 못할 공간에서, 엉엉 소리 내 울어본다.

내 안에 어떤 울음이 숨어 있는지 꺼내 본다면, 그때부터 치유가 시작된다. 우리에겐 무너진 날보다 무너질 뻔한 날들이 더 많다. 그러니 그날들을 잘 건너온 나에게 말해주자.

"괜찮아. 잘 버텼어."

감정을 꺼내 보는 일은 더는 참지 않겠다는 선언이 아니라, 다시 살아가겠다는 다짐이다. 삶은 울지 않는 법을 배우는 게 아니라, 울 수 있는 용기를 되찾아가는 과정이다.

그 조용한 밤처럼, 감정은 아무 말 없이 나를 살리고 있다.

"감정을 꺼내 보는 연습"

- 아무 이유 없이 멈춰보기 : 하루에 단 몇 분이라도 멈춰 감정을 바라보기.
- 설명 없는 눈물 허락하기 : 울음에 이유를 붙이지 않고 있는 그대로 받아들이기.
- 마음을 묻는 질문 적어보기 : '지금 나는 어떤 기분인가?'라는 질문을 스스로 남기기.
- 혼자 있는 시간을 회복의 시간으로 : 말하지 않아도 괜찮은 공간에서 감정 꺼내 보기.

조용한 울음, 존재의 힘

우리는 누구나 울음을 숨기며 살아가는 법을 배운다. 삶의 어느 순간부터 울음은 약함의 증거로 낙인찍히고, 눈물을 보이지 않는 것이 어른스러운 태도로 여겨진다. 강한 사람일수록 울지 않아야 한다는 잘못된 사회적 믿음은 우리를 감정에서 점점 멀어지게 만든다. 그러나 진정한 강인함은 울고 싶은 감정을 억누르는 데서 오는 것이 아닌, 감정을 솔직히 마주하고 울 수 있는 자신을 기꺼이 받아들이는 용기를 통해 완성된다.

감정은 말보다 먼저 존재한다. 태어나자마자 세상과 처음 마주한 순간, 인간은 울음으로 자신의 존재를 알린다. 그 울음은 생명력의 가장 순수한 증거이며, 세상과의 첫 소통이다. 우리는 언어를 배우기 전부터 울음이라는 가장 원초적인 언어로 자신을 표현해왔다. 그럼에도 어느 순간부터 울음은 숨겨야 할 무엇인가가 되었다. 타인의 시선 앞에서 울음을 억제하는 법을 익히며 우리는 점점 스스로와 멀어졌다. 울음은 자신과 가장 깊이 만나는 행위이며, 내가 살아 있음을 확인하는 가장 솔직한 표현이다. 조용히 흐르는 눈물은 마음속에서 말하지 못한 무수한 감정들을 대신한다. 말을 꺼내기 어렵거나 타인에게 표현할 수 없을 때, 조용히 흐르는 눈물은 우리 내면의 가장 깊은 곳에서 출발한 위로의 손길이다.

밤의 깊은 고요 속에서 흐르는 눈물은 단순히 슬픔의 표현을 넘어, 존재의 가장 깊은 곳을 건드린다. 누군가의 이해나 위로는 필요 없다. 혼자서도 눈물로 충분히 내 마음을 어루만질 수 있다. 미셸 몽테뉴는 『수상록』에서 인간이 자기 자신에게 정직해야 하며, 내면을 성찰하고 자신을 바라보는 용기의 중요성을 반복적으로 강조한다. 이러한 자기 성찰과 정직함이 진정한 삶의 시작임을 몽테뉴는 그의 저작 전반에서 일관되게 주장한다. 울음은 우리 내면을 가장 정직하게 바라보게 만드는 수단이다. 소리 없이 흐르는 눈물 한 방울은 수백 마디의 말보다 더 많은 것을 알려준다. 그 눈물이 가리키는 곳에 우리가 피했던 진실이 있고, 외면했던 나의 모습도 있다. 눈물을 허락하는 순간, 우리는 스스로를 향한 깊은 존중과 이해를 경험하게 된다.

울음을 외면하는 삶은 언뜻 강해 보이지만, 사실은 나 자신과의 관계를 단절시키는 위험한 방식이다. 울음을 억제할수록 우리는 더욱 고립된다. 조용히 흘러가는 눈물을 받아들이는 것이 우리를 진정한 자유와 회복으로 데려갈 것이다.

울음은 내가 아직 살아 있고, 느끼고 있으며, 회복할 준비가 되었다는 신호다. 우리가 눈물을 흘릴 수 있다는 것은, 아직 자신을 믿고 사랑한다는 의미이다.

　울고 싶을 때는 조용히 울어도 된다. 조용히 흐르는 눈물 한 방울을 스스로에게 허락하자. 삶을 다시 사랑하고, 다시 살아갈 수 있는 힘을 선물받을 것이다.

감정을 조용히 꺼내 보게 해준 책들

『월든』 _ 헨리 데이비드 소로

국내 출간: 은행나무, 2011, 강승영 번역

이 책은 소로가 월든 호숫가에서 혼자 지낸 경험을 바탕으로, 삶의 본질에 집중하는 방법을 이야기한다. 빠르게 변하는 세상에서 잠시 멈춰 자연과 함께 호흡하며 스스로를 관찰하는 것이 얼마나 소중한지 떠올릴 수 있다.

『싯다르타』 _ 헤르만 헤세

국내 출간: 민음사, 2002, 박병덕 번역

내면의 깨달음을 찾아 떠난 한 청년의 여정을 통해 자신이 지닌 감정과 욕망을 회피하지 않고 정면으로 바라보며 그것을 통해 진정한 자유와 평온함에 이르는 과정을 보여준다.

○ 커피잔 ●

따뜻한 한 모금 속에 녹아드는 마음의 위로,
하루의 시작과 끝에서 나를 챙기는 작은 순간.

지금은 잠시 걸음을 늦추어도 괜찮다

"속도를 줄이지 않으면, 어디로 가는지 잊게 된다."

요즘 힘들다는 말을 입 밖으로 꺼내기까지는 꽤 오랜 시간이 걸린다. 주변 사람들에겐 여전히 '열심히 사는 사람' '끊임없이 무언가를 해내는 사람'으로 보이기 때문이다. 그래서 아무리 마음이 힘들어도, 일상적인 대화를 나눌 땐 매번 평소처럼 웃고, 말끔하게 꾸민 모습을 유지한다.

하지만 그 모든 이미지 뒤에는 어떤 것도 시작할 수 없는 멈춤의 시간이 길게 늘어져 있었다. 진심을 담았던 프로젝트가 무너지고, 그 후로는 뭘 해도 의욕이 생기지 않던 시절. 나를 둘러싼 환경은 그대로였고, 오히려 더 많은 기대와 요청이 내게 몰려왔음에도 나는 그것을 기쁘게 받아들이지 않았다.

지금도 그렇다. 사람들은 여전히 내게 조언을 구하고, 나는 여전히 강연을 하고 글을 쓴다. 나는 일상 속에 그대로 존재하고 있다. 실제로는 모든 에너지가 빠져나간 상태인데 말이다. 그런 나를 보며 사람들은 말한다. "정말 대단하세요!" 웃으며 고개를 끄덕이지만, 사실 그 말은 위로가 되지 않는다. 오히려 그 말이 더 깊은 회의감을 일으킨다. 지쳤다는 것이다. 내가 얼마나 지쳐 있는지 알아주는 이가 없음에 더 초라함을 느낀다. 칭찬과 격려가 내게 이렇게 들릴 것이라 생각해 본 적이 없다. 지금 내게는 그 모든 말들이 무게로만 느껴진다. 나를 어디까지 숨겨야 하는지 막막할 뿐이다.

어느 날, 자신에게 물었다.

"내가 이렇게까지 버티는 이유는 뭘까?"

그 순간, 알았다. 나는 늘 무언가를 시작하는 사람이었다는 것을. 그리고 한번 시작하면 끝까지 애쓰는 사람이라는 것을. 누구보다 성실했고, 누구보다 부지런했다. 쉬지 않고 달리다 보면 어떻게든 성과를 낼 것이라는 믿음 하나로 살아왔다. 지금은 그저 그 믿음이 흔들리고 있을 뿐이다. 그런 시간 속에서 이 책을 쓰기로 했다. 뭘 해야 할지 모르겠고, 지금 내가 가진 것이 아무 의미 없어 보이던 그 시간에 나는 내 삶을 다시 들여다보기로 했다. 멀리서 무언가를 찾으려 애쓰기보다, 내 안에 있는 것부터 꺼내 보는 것. 그 과정이 결코 쉽지만은 않았다. 오히려 내 감정의 민낯을 마주하는 일이 매일 아침 침대에서 일어나는 것만큼이나 버거웠다.

하지만 그러지 않으면 나는 영영 다시 시작할 수 없을 것만 같았다. 지금껏 내 안의 감정을 외면한 채 달려왔는데, 그 결과로 손에 쥔 것이 공허감이라니. 다른 것을 쥐고 싶었다. 그래서 나를 이해하는 시간을 가져보기로 했다. 한 걸음 늦추더라도 나의 속도로 나를 다시 들여다보고, 지금껏 쉬지 않고 살아온 시간 속에 두고 온 나를 만나보기로 했다.

나는 타인을 위해, 일정을 위해, 성취를 위해 너무 많은 감정을 뒤로 미뤘다. 그래서 그 감정들을 찾기 위해 잠시 멈추는 연습을 했다. 완벽하지 않아도, 강하지 않아도 괜찮다. 내일은 오늘을 살아내야만 만날 수 있다. 그래서 지금, 나는 오늘의 나를 껴안는다. 오늘의 내 감정을 살아낸다. 이 무겁고 어지러운 오늘이, 언젠가 나를 다시 세울 단단한 기둥이 될 것이기에.

멈춤이 가져오는 새로운 시작

우리는 종종 '멈춤'을 실패나 게으름, 심지어는 삶의 부재로 이해한다. 그러나 멈추는 것은 반드시 그런 의미만 지니지는 않는다. 우리는 일상 속에서 '해야 할 일'에 휘둘리고 있다. 계속해서 달려야 한다는 압박, 외부의 기대와 요구는 끊임없이 우리를 자극한다. 그러다 보면 더 이상 내면의 목소리나 감정을 들을 여유가 사라진다. 잠깐 멈추고 물어야 한다.

"내가 왜 이렇게 살고 있는 걸까?"
"정말 내가 원하는 일인가?"

이 질문에 답하기가 어렵다면, 지금껏 쌓인 감정의 무게가 너무 무겁다는 것이다. 이제 그 무게를 직면하고 한 걸음 물러서 나 자신을 이해하는 과정을 진행해야 한다.

그 과정은 생각만큼 길지 않다. 커다란 쉼표가 아닌 아주 작은 쉼표일 뿐이다. 모든 과정은 생각 속에서 이루어진다. 행동은 생각에서 비롯되어 움직임으로 이어지고, 행동하는 만큼 시간을 사용한다. 하지만 자신과 대화하는 것은 어떤 행동도 동반하지 않는다.

그저 생각이니까. 딱 그만큼이다. 우리는 그토록 짧은 시간 동안 자신을 만나는 것조차 외면했던 것이다. 멈춤은 결코 시간 낭비가 아니라, 오히려 삶의 의미를 재정립할 수 있는 기회다. 더 긴 시간을 투자한다 해도 아깝지 않다. 그럼에도 그 시간은 잠깐이면 된다.

감정을 억누르고, 외부의 요구에 맞춰 살아가던 일상을 벗어나, 잠시 나를 본다. 그 시간 속에서 무엇이 중요한지, 무엇을 바꿔야 할지 생각한다. 만약 포기해야 한다면, 포기하면 된다. 포기하기 싫다면 싫다고 하면 된다. 누가 보는 것도 듣는 것도 아니다. 오직 내 머릿속 대화일 뿐이다. 평소 점잖고 깔끔한 이미지였더라도 나 자신과 이야기할 때는 모두 내려놓아도 된다. 욕을 해도 좋고, 야한 얘기를 마구 늘어놓아도 좋다. 그런 모든 것이 내 감정을 만지는 과정이다.

겉으로는 드러나지 않는 온전한 나만의 시간 속에서 그렇게 우리는 새로운 시작을 준비한다. 일상에서 지속적인 변화나 성장을 추구하는 것보다 우선 자신을 돌아보아야 한다. 무언가를 하기 위해서는 가장 먼저 생각을 해야 한다. 하지만 우리는 생각은 타인에게 맡기고, 그들이 알려준 행동만 따르고 있다.

그래서 챌린지라는 이름으로 타인이 정해준 행동만을 따르는 사람들이 안타깝다. '미라클 모닝' '무지출 챌린지' '루틴 챌린지' '디지털 디톡스' '감사 일기'…. 이른 아침에 일어나 독서, 운동, 명상 등으로 하루를 시작하고 SNS에 그것을 인증한다. 습관 형성 앱에 나를 끼워 넣고, 지출을 최소화하고 또 그 과정을 SNS에 공유한다….

 이걸 스스로 만들었다면, 존중한다. 존경한다. 하지만 대부분 방법만 배워서 따라 할 뿐이다. 그러고는 그 안에서 새로운 규칙을 따르느라 고행을 하다가, 다음 기수에 또 비용을 지불한다. 그 방법을 제공한 사람들은 그렇게 돈을 벌고 있다. 그러지 말고, 우선 생각부터 하자. 생각부터 해보고 방법을 결정해야만 감정을 흘려보낼 수 있다. 힘들고 괴로운 사람들의 감정을 이용해 똑똑한 척, 고결한 척 돈벌이를 하는 그 추악한 것들에게 생각을 맡겨서는 안 된다. 스스로 생각하자. 자신과 상의하자. 나에게 진짜를 알려주는 건 오직 나밖에 없다.

 할 줄 모르는 것이 아니다. 자신이 하는 것이 옳다는 믿음을 갖지 않았을 뿐이다. 누가 내 행동을 SNS에 의무적으로 인증하라 했나, 왜 그걸 인증해야 하나. 결국, 돈을 받은 만큼 결과물을 눈앞에 만들어내야 하기 때문 아닌가. 정해진 것은 없다. 챌린지가 내 감정을 흘려보내는 데 도움이 된다면 적극적으로 참여해도 좋다. 스스로 결정한 것이라면 모두 옳다. 하지만 가만히 생각해보자. 이룰 수 있다고, 변할 수 있다고 말하던 이들이 1기, 2기, 3기에 같은 사람이 또 참여하는 것을 막지 않는 이유를 어떤 좋은 말로 포장하는지.

우리는 각자의 방식으로 감정을 흘려보내면 된다. 우리가 멈추지 않으면, 내면의 목소리는 들리지 않는다. 외부 소음에 휘둘리며 살다 보면, 자신을 잃어버리고, 결국 그로 인해 삶의 방향까지 잃게 된다. 잠시 멈추어 나를 돌아보는 시간이야말로 진정한 시작을 위한 준비 과정이다.

　내가 멈추는 것은 단순히 아무것도 하지 않는 것이 아니라, 나 자신과의 대화를 시작하는 것이다. 멈추는 이유는 단지 피로에서 회복되기 위해서만이 아니다. 삶의 의미를 찾고, 감정의 깊이를 이해하며, 새로운 방향으로 나아가기 위한 준비인 것이다. 멈추는 시간이 내게 주는 의미는 나를 다시 살아가게 하는 원동력이 된다. 내가 다시 나를 찾기 위해 잠시 멈추는 것은 결국 내일을 위한 진정한 시작이 된다. 그러니 힘들면 멈춰도 괜찮다는 것을 받아들이자. 나보다 중요한 것은 없다.

"지친 오늘을 견디는 방법"

- **감정을 말로 정리해보기** : 혼잣말이라도 지금의 감정을 표현해보기.
- **하루 중 멈춤의 틈 만들기** : 일정 중 단 10분이라도 무의미한 시간을 확보하기.
- **진심과 기대를 분리해서 듣기** : 칭찬 속 기대의 무게를 혼동하지 않기.
- **성과 대신 '감정의 무게' 돌아보기** : 오늘 견딘 마음의 무게를 스스로 인정해보기.

멈춘다는 것, 존재를 다시 바라보는 일

우리는 늘 바쁘게 사는 것에 익숙하다. 빠르게 변화하는 세상에서 잠시라도 멈추면 뒤처질 것이라는 불안은 끊임없이 우리를 부추긴다. 일정표를 가득 채우고, 수많은 목표와 할 일들을 계속 만들어내며 자신을 달리게 만든다. 성공이란 속도를 늦추지 않고 앞으로 나아가는 것이며, 멈추는 순간 모든 것이 무너진다고 우리에게 두려움을 심어준다. 하지만 어느 순간, 그렇게 달리는 삶의 한가운데에서 문득 의문이 생긴다.

'나는 지금, 대체 어디를 향해 가고 있는가?'

속도를 높이는 삶은 많은 것을 이루게 할지는 몰라도, 결코 우리를 자신과 가까워지게 만들지는 않는다. 오히려 빠르게 움직이는 동안 진정으로 자신이 무엇을 원하는지, 내가 누구인지조차 알 수 없는 지경에 이르게 한다. 빠름의 한가운데에서 우리의 감정이 가장 먼저 희생된다. 바쁜 일상은 우리에게 슬픔과 외로움, 기쁨과 감동을 느낄 시간조차 주지 않는다. 그렇게 감정을 잃은 삶 속에 무미건조한 피로와 방향 없는 조급함만 남는다.

우리가 멈추면 진짜 삶의 목소리가 들린다. 외부의 소음은 사라지고, 주변의 기대와 요구가 멈추며 고요한 순간이 찾아온다. 비로소 우리는 마음속 깊숙한 곳에 숨어 있던 질문을 마주할 수 있다. 그 질문이 처음에는 낯설지만 점차 우리를 삶의 가장 깊고 본질적인 의미로 끌어올린다.

세계적인 소설 『해리 포터와 비밀의 방』에는 이런 대사가 나온다. "우리가 누구인지를 결정하는 건 우리의 능력이 아니란다. 우리의 선택이지." 이 대사의 메시지는 명확하다. 우리가 얼마나 빨리 달릴 수 있는지, 얼마나 많은 일을 해낼 수 있는지가 아니라, 무엇을 선택하고 어떻게 살아갈지를 결정하는 것이 진정한 자신을 만들어간다는 것이다.

멈춤은 중요한 선택이다. 자신에게 돌아가는 가장 정직한 방식이다. 인생의 속도를 늦추는 일은 존재의 중심을 다시 자신으로 돌려놓는 일이며, 천천히 걷는 것은 우리 삶을 가장 선명하게 바라볼 수 있는 일이다. 지나치게 빠른 걸음으로는 결코 볼 수 없었던 삶의 풍경을 천천히 느껴보자.

어쩌면 우리가 멈춤을 두려워하는 이유는 자신을 직면하는 것이 두려워서일지도 모른다. 그동안 외면했던 자신의 진짜 목소리를 듣는 건 두려운 일이다. 그러나 그 진실한 마주침은 우리를 회복시킨다. 멈춤은 삶의 리듬을 포기하는 것이 아니라, 자신만의 리듬을 찾아가는 것이다. 인생의 속도는 타인의 속도가 아니라, 오직 나만의 속도로 조정되어야 한다.

우리는 타인의 성공과 행복, 기준과 속도에 휘둘리지 말아야 한다. 우리가 진정으로 추구해야 할 속도는 내면에서 우러난 자기 감정과 가장 자연스럽게 맞아떨어지는 속도다. 진정한 성취는 속도가 아니라 방향의 문제다. 이제 우리는 천천히 자신에게 물어야 한다.

'이 속도는 내 속도인가?'
'이 길은 정말 내 길인가?'

그 질문에 솔직히 답할 수 있을 때, 우리는 비로소 자신에게 맞는 속도로 살아갈 수 있게 된다. 멈춤이란, 바로 그렇게 자신을 만나는 귀중한 시간이다. 삶의 가장 아름다운 순간은 **빠르게 지나쳐 가지 않고 고요히 바라볼 때 다가온다.**

마음의 쉼을 허락해준 책들

『연금술사』 _ 파울로 코엘료

국내 출간: 문학동네, 2001, 최정수 번역

소년 산티아고의 여정을 따라가는 동안 '쉼'과 '성찰'이 얼마나 중요한지를 떠올려볼 수 있다. 정신없이 달려가는 삶에서 잠시 벗어나 내면을 돌아보면 그곳에 보물이 있을지도 모른다.

『명상록』 _ 마르쿠스 아우렐리우스

국내 출간: 현대지성, 2018, 박문재 번역

고대 로마 황제가 남긴 사유의 흔적을 담은 이 책은, 화려함 뒤에 숨겨진 고독과 회의 속에서 꾸준히 자신을 성찰하고 내면을 들여다보게 한다. 책 속 문장들을 통해 통해 멈춤을 두려워하지 않고 마음의 평온을 찾는 과정을 배울 수 있다.

○ 낡은 손목시계 ●

시간을 재지 못해도 괜찮은 물건,
시곗바늘이 멈추는 순간 고장난 곳을 찾을 수 있는 녀석.

〈감정의 시간여행〉

우리의 감정은 늘 현재만을 살지 않습니다.

과거에서 남겨진 감정들은 때때로 예기치 않게 현재를 흔들고,

미래의 문턱 앞에 그림자를 드리우기도 하죠.

그 기억이 오래된 것이라 해도, 그 감정은 아직 남아 있습니다.

성장하는 과정에서 우리는 많은 감정을 흘려보냈습니다.

하지만 그 감정들은 정말 사라졌을까요?

혹시 말하지 못한 채, 그저 '덮어둔' 건 아니었을까요?

✽ 감정 연대기 점검

다음 질문에 답하며, 당신이 지나온 감정의 궤적을 되짚어보세요.

1. 최근 내 안에서 되살아난 감정이 있나요?
_____
_____
_____

2. 그것은 과거의 어떤 장면과 연결되어 있나요?
_____
_____
_____

3. 내가 가장 자주 떠올리는 '실패의 순간'은 언제인가요?
_____
_____
_____

4. 그때 나는 어떤 감정에 가장 깊이 잠겨 있었나요?

_____
_____
_____

5. 누구도 몰랐지만, 나는 혼자 조용히 견뎠던 시간이 있나요?

_____
_____
_____

6. 그 시간의 감정을 지금 다시 꺼내 보면, 무엇이라고 말할 수 있을까요?

_____
_____
_____

✶ **나의 감정 타임라인**

기억에 남는 3가지 감정을 떠올려 그때의 연도 또는 나이, 감정의 이름, 당시의 상황을 간단히 함께 기록해보세요.

※이 표는 누군가에게 보여주기 위한 것이 아닙니다.
그저, 당신의 마음이 걸어온 길에 작은 이정표를 세워두는 작업일 뿐입니다.

나이 또는 연도	감정 이름	당시 상황 또는 장면

감정은 시간 속에 파묻히는 것이 아니라, 다시 돌아오는 방식으로 우리를 성장하게 합니다.

지나온 감정의 궤적을 따라가다 보면, 우리는 스스로를 좀 더 정확히 이해할 수 있게 됩니다.

그리고 그때의 나를, 지금의 내가 다정하게 안아줄 수 있게 됩니다.

3장

흐려진 마음의 윤곽을 따라

누구나 상실을 겪으면 삶의 빛이 모두 꺼져버린 듯한 감정을 마주한다. 마치 다시는 일어설 수 없을 것 같은 무력감, 누군가에게 위로받아도 그 온기가 온전히 닿지 않는 날들. 사람들은 시간이 모든 것을 해결해줄 거라 위로하지만, 실제로 우리의 마음은 그리 쉽게 흐르지 않는다.

감정은 마치 바다와 같아서, 때로는 잔잔한 수면처럼 고요히 숨죽이고 있다가도, 갑자기 예상치 못한 파도를 일으키며 마음을 휩쓴다. 오래된 상처가 갑자기 살아나 우리를 흔들기도 하고, 이해받지 못한 기억이 불쑥 고개를 들어 삶을 흩트리기도 한다. 그럴 때면 우리는 스스로를 다그치고, 마음의 상처를 서둘러 봉합하려 한다. 사실 마음이 원하는 건 억지로 덮는 것이 아닌데….

어쩌면 우리가 그토록 힘들어했던 이유는 마음의 상처 때문이 아니라, 그 상처를 덮고 모른 척했기 때문인지도 모른다. 손등의 작은 생채기 하나에도 신경을 쓰는 우리가, 마음의 상처는 돌봐주지 않는다. 그렇기에 감정이 흐르지 못한다. 손등에 난 상처는 상처라 인정하고 약을 바른다. 하지만 마음의 상처는 상처로 인정하지 않고, 약도 바르지 않는다. 상처를 바라보고 인정할 때, 우리는 비로소 마음이 원하는 진짜 위로를 만날 수 있다.

우리는 이 장에서 마음이 부서진 자리를 찾아, 그곳에서부터 다시 시작하려 한다. 거창한 다짐이나 목표가 필요하지 않은, 숨을 고르고 천천히 일어서는 사소한 행동이다. 누군가의 기대나 세상의 기준을 따르는 것이 아니라, 내 마음이 바라는 대로 생각을 조금 바꾸는 것이다. 흐려진 마음의 윤곽을 천천히 따라가다 보면, 잃어버린 줄 알았던 나를 발견할 것이다. 더 이상 나를 다그치거나 서두르지 않아도 좋다.

> 감정은 사라지지 않는다, 그저 숨어 있을 뿐

"기억이 지나도, 감정은 남는다."

참 묘하다. 잊었다고 믿었던 감정이 어느 순간 생생히 살아나곤 한다. 시간이 흘러도, 환경이 바뀌어도, 결코 사라지지 않은 감정이 마음 깊숙한 곳에서 모습을 드러낸다.

직장 홍보영상 공모전에서 두 편의 작품을 출품해 최우수상과 우수상을 동시에 수상했다. 기대 이상의 결과가 만들어진 것이다. 10여 년 전 대학 졸업작품도 그랬다. 개인 작품으로 금상, 팀 작품으로 은상을 받았다. 두 번의 비슷한 성과는 내가 마치 특별한 재능을 가진 사람인 것처럼 믿게 만들었다. 당시의 나는 의기양양했고, 무엇이든 해낼 수 있을 것 같은 자신감으로 가득했다. 그 기세로 회사 후배들을 모아 영화 제작 동호회를 만들었다. 처음엔 영화는 핑계일 뿐 그저 친목을 위한 모임이었다. 퇴근 후 모여 술잔을 기울이고, 수시로 모여 일상을 나눴다. 그 모임이 너무 좋았고, 계속 이어지길 바랐다.

하지만 내 욕망은 그 모임을 멈추게 만들었다. 공모전에서 얻은 성과가 머릿속을 맴돌며 계속해서 나를 자극했던 것이다. "우리 진짜 영화 하나 만들어볼까? 영화제에 출품해보자!" 나는 진심으로 흥분했고 설렜지만, 후배들은 그 말에 진심으로 동의하지 않았다. 그저 갈등을 피하기 위해 고개를 끄덕였을 뿐이었다. 하지만 당시의 나는 그 미묘한 감정을 읽지 못했다. 마치 모두가 나와 같은 꿈을 꾸고 있다고 믿었다.

시나리오를 쓰고, 촬영 일정을 잡고, 장비도 준비했다. 감독, 촬영, 각본, 편집까지 내가 앞장서서 프로젝트를 진행했다. 그런 내 열정은 그렇게 다른 사람들을 압박했다. 그때부터 동호회는 더 이상 편안한 공간이 아닌, 목표와 결과를 내야 하는 긴장된 조직이 되었다.

그러던 어느 날, 그 모든 긴장이 폭발했다. 완성된 시나리오를 공유하기 위한 자리에서 내가 믿고 아끼던 후배가 나에게 소리쳤다. "너는 네가 하고 싶은 것만 하냐?" 그 순간, 주변의 모든 소리가 사라졌다. 그의 말은 내 마음을 날카롭게 베었고, 베인 틈으로 감정이 쏟아져 내렸다. 내가 가장 열정을 쏟아부었던 자리에서 가장 큰 상처를 입었다. 그 자리에서 나는 아무 말도 할 수 없었다. 그리고 그 후로 아무와도 말을 하지 않았다. 결국, 내가 만든 동호회를 내가 가장 먼저 떠났고, 그 자리로 돌아가지 않았다.

 그 후로 직장 생활은 완전히 달라졌다. 한때 친밀했던 사람들은 나를 피해 다녔고, 조롱 섞인 말까지 들어야 했다. 쉬는 시간에도 휴게실 대신 자동차 뒷좌석에 앉아 혼자 쉬었다. 아무도 없는 차 안에서, 나는 늘 갖고 다니던 통기타를 꺼내 기분을 달랬다. 기타 소리는 나를 잠시 위로했지만, 감정을 완전히 덮지는 못했다.

 10년이 지난 지금, 잊었다 생각했던 그 기억이 살아났다. 번아웃으로 가장 힘든 시기를 지나는 내 감성이 그때의 감정을 소환한 것이다. 그 감정은 고스란히 내 안에 남아 있었다. 지금의 나는 사람들에게 위로와 공감을 전하는 작가이자 강연가로 살고 있다. 그 시절 겪은 아픔과 고립감을 견딘 후, 결국 나는 새로운 감정의 통로를 발견했고 현재에 이르렀다. 그러니 그 아픈 기억이 전혀 쓸모없는 것도 아니다. 나를 더 깊게 만든 원천이 되었음을 인정하지 않을 수 없다.

 하지만 지금도 그 후배를 용서하지 못한다. 내 마음은 아직 그걸 허락하지 않는다. 세상은 용서를 큰 미덕이라 말하지만, 나는 그 미덕과 한참 떨어져 있다. 그래도 괜찮다. 내 감정이니까. 이것이 내가 가진 솔직한 내면이다. 여전히 그가 던진 말 한 마디는 내 안에 날카롭게 살아 있다.

　이처럼 감정은 사라지지 않는다. 단지 깊숙이 숨어 있을 뿐이다. 우리가 마주한 상처와 아픔은 그렇게 숨어 있다가 다시 찾아온다. 하지만 이제는 두려워하지 말자. 그 감정을 있는 그대로 마주할 용기를 내자. 감정과 마주하는 일은 어렵지만, 동시에 우리가 반드시 해야 할 일이다. 진정으로 자신과 만나고 성장할 수 있는 유일한 길이다.

　그렇게 나는 오늘도 나의 감정을 정직하게 바라본다.

감정은 사라지지 않는다, 다만 기다릴 뿐

어떤 기억은 오래전 일인데도 선명하다. 그날의 말투, 표정, 공기까지도. 시간이 해결해준다는 말은 위로가 되지 않는다. 오히려 시간이 지난 후에도 여전히 감정이 살아 있다는 사실에 더 큰 혼란을 줄 뿐이다. 괜찮은 줄, 다 잊은 줄 알았지만, 감정은 사라지지 않았다. 단지, 조금 더 조용히, 깊은 곳에서 기다렸을 뿐이다.

감정을 억누른다고 잊히진 않는다. 어떻게든 변형되어 우리 곁에 머무른다. 무심한 말 한 마디에 과하게 반응하고, 비슷한 상황을 되풀이하며, 누군가를 이유 없이 피하고 싶어질 때, 그 밑바닥엔 덮어둔 감정이 존재한다. 감정을 회피하는 습관은 문제를 해결하지 않고 반복하게 만든다. 감정에서 멀어지면 삶의 방향을 잃어 선택이 어려워지고, 스스로 왜 이런 선택을 하는지조차 모르게 된다.

살면서 감정이 크게 무너지는 일을 겪으면 흔히 '잊으려 노력하는 것'으로 마무리된다. 하지만 기억은 잊어도 감정은 남는다. 감정은 기억보다 오래간다. 우리가 해야 하는 일은 감정을 없애는 게 아니라, 그것이 어떤 이유로 내 안에 자리 잡았는지 이해하는 것이다. 감정을 꺼내 마주하는 시간은 다시 삶의 방향을 재정립하는 계기가 된다.

어떤 감정이 나를 흔들고 있다는 것은, 내가 아직 나를 느끼고 있다는 증거이기도 하다. 누군가를 용서하지 못하고 있다는 것, 여전히 그날을 떠올리면 가슴 한쪽이 묵직해지는 것도 모두 자연스러운 감정의 흐름이다. 감정은 당장 정리되어야 할 짐이 아니라, 시간이 되었을 때 천천히 꺼내 흘려보내야 할 나의 일부다. 그 감정이 지금도 나를 가만히 지켜보고 있음을 인정하는 순간, 우리는 더 이상 과거에 얽매인 사람이 아니라, 감정을 살아내는 사람이 된다.

감정은 반드시 다시 찾아온다. 그날 나를 무너뜨린 말 한 마디처럼. 하지만 이젠 다르다. 그 감정을 외면하지 않고, 마주하는 법을 알기 때문이다. 감정을 살아낸다는 건, 더는 피하지 않고, 나를 다정하게 바라보는 일이다. 감정은 끝내 우리를 다시 일으켜 세우는 방식으로 동작해야 한다.

"덮어둔 감정을 마주하는 방법"

- **불편한 기억을 부정하지 않기** : 감정이 남아 있다는 사실 자체를 인정하기.
- **감정 반응의 뿌리 살펴보기** : 지나치게 예민한 순간엔 원인을 거슬러 올라가기.
- **감정을 없애려 하지 않기** : 없애는 게 아니라 이해하는 것이 치유의 시작.
- **감정을 마주한 나를 받아들이기** : 피하지 않고 느끼는 자신을 다정하게 바라보기.

내면에 고여 있는 감정의 시간

우리가 흔히 말하는 '잊었다'는 표현은 감정의 소멸을 의미하지 않는다. 단지 그 감정이 내면 어딘가에 숨어버렸음을 의미한다. 마치 조용히 흐르는 강물 위를 덮은 얇은 얼음처럼, 우리는 그 밑에 감정이 여전히 살아 있다는 사실을 알아차리지 못할 뿐이다. 그러나 삶의 어떤 순간, 작은 균열 하나에도 얼음 밑으로 감추어져 있던 그 감정이 다시 솟아오른다. 잊힌 줄 알았던 기억과 감정은 결코 그냥 사라지지 않고, 우리 안에 머무른다. 그것이 모여 지금의 우리를 만들었다.

감정은 우리 안의 기록이다. 인간은 말하고 행동하며 살아가지만 가장 깊숙한 곳에 존재하는 우리는 결국 표현되지 못한 감정에 의해 결정된다. 마음속에 쌓이고, 표현되지 못한 그 감정들은 우리가 의식하지 못하는 사이에 태도가 되고, 습관이 되고, 마침내 삶을 형성하는 요소가 된다.

살아가면서 우리는 수많은 선택을 한다. 진로를 결정하고, 사랑을 선택하며, 중요한 사람들과의 관계를 정리하기도 한다. 그러나 감정은 선택의 대상이 아니다. 그것은 우리의 의지와 상관없이 다가오고, 우리의 마음을 흔들며, 영원히 사라지지 않는다. 억압된 감정은 언젠가 예측하지 못한 방식으로 튀어나온다. 갑자기 터져 나오는 짜증이나 분노, 타인과의 관계에서 이해할 수 없이 민감해지는 순간들. 그 모든 것은 단지 현재의 문제가 아니라, 과거의 내가 마주하지 못하고 외면했던 감정이 모습을 드러낸 것이다.

우리는 그런 순간이 찾아왔을 때 자책하거나 의아해하지만, 이유 없는 감정이란 존재하지 않는다. 모든 감정에는 각각의 사연과 역사가 있다. 억눌린 감정은 언젠가 자기만의 방식으로 우리에게 말을 건다. 미국의 소설가 하퍼 리는 『앵무새 죽이기』에서 이렇게 말했다. "상대방의 입장이 되어보지 않고서는 그 사람을 정말로 이해할 수 없다." 우리는 이 문장을 타인뿐 아니라 자신에게도 적용해야 한다.

우리는 종종 자신보다 타인을 더 이해하기 쉽다고 생각한다. 그러나 가장 외면하고 싶은 '과거의 나'를 마주하는 것은 너무나 어려운 일이기에 용기가 필요하다. 과거의 내가 느꼈던 아픔과 외로움, 분노와 슬픔을 외면하지 않고 마주하며, 그 시간의 나를 비난하지 않고 다정하게 받아들이는 일. 그것이야말로 가장 어려우면서도 반드시 거쳐야 할 감정 회복의 시작이다. 감정을 꺼내 본다는 것은 단지 과거를 회상하는 것이 아니다. 그것은 과거의 내가 가진 상처를 이해하고, 그로 인해 달라진 지금의 나를 발견하는 일이다. 우리가 억지로 잊으려던 감정들은 사실, 우리의 내면 가장 깊은 곳에서 여전히 치유를 기다리고 있다.

스스로를 이해하고 용서하는 과정을 통해 감정은 더 이상 상처로 남지 않고, 나를 이루는 기억이자 힘으로 변화한다. 과거를 이해하고 인정할 수 있을 때 비로소 그 감정은 더 이상 나를 아프게 하지 않고, 새로운 나로 나아가게 하는 동력이 된다. 살아간다는 것은 결국 자신과 끊임없이 대화를 이어가는 일이다. 감정의 기억들을 외면한 채 살아가려 하면, 그 감정들은 계속 우리를 붙잡는다. 반면 감정을 정직하게 대한다면 더 이상 우리를 두렵게 하지 않고, 오히려 삶을 풍성하게 만들고, 단단하게 성장시킨다.

지나간 감정들과 마주하는 시간은 결코 낭비가 아니다. 오히려 그 감정들 덕분에 우리는 지금의 우리가 될 수 있었다. 이제 우리는 그 감정의 조각들을 정성스럽게 모아 내면의 풍경을 완성해가야 한다. 슬픔도, 기쁨도, 분노도, 외로움도 우리 안에서 조용히 흘러가며 우리 삶의 일부가 된다. 그리고 그것이 우리가 진정한 자기 자신을 만나고, 자신을 진심으로 사랑할 수 있게 해주는 가장 큰 선물이다. 감정이 머문 시간은 상처가 아닌 성장이 되고, 아픔이 아닌 삶을 향한 새로운 출발점이 된다.

감정을 기억하고 살아내는 법을 알게 해준 책들

『상실』 - 조앤 디디온

국내 출간: 책읽는수요일, 2023, 홍한별 번역

이 책은 사랑하는 사람을 잃고 난 뒤, 그 감정의 복판에서 저자가 겪은 무너짐과 혼란을 기록한 작품이다. 단순한 애도를 넘어, 우리가 감정을 억누르고 외면했을 때 그것이 어떻게 삶의 균열로 번져가는지를 보여준다.

『마음 가면』 - 브레네 브라운

국내 출간: 웅진지식하우스, 2023, 안진이 번역

자신을 방어하기 위해 감정을 외면하는 태도가 결국 어떻게 삶의 연결을 끊어놓는지를 짚어낸다. 우리가 꺼내지 못한 감정을 인정하고 말로 표현하는 것이 회복의 시작이라는 메시지를 통해 감정을 억눌러온 모든 사람들에게 깊은 울림을 전한다.

○ 폴라로이드 사진 ●

빛바랜 듯하지만 지워지지 않는 순간,
감정은 그때의 표정을 따라 조용히 되살아난다.

실패는 멈춤일 뿐, 끝이 아니다

"실패를 견디는 법을 배우지 않으면 성공도 견딜 수 없다."

누구나 한 번쯤 예상치 못한 지점에서 갑작스러운 멈춤을 맞이한다. 20대 중반, 나는 삶을 끝내려 했었다. 야심 차게 시작한 의류 쇼핑몰, 19세의 나이로 회사원이 되었고, 낮에는 일하고 밤에는 야간대학에 다녔다. 대학 졸업작품전 금상을 받으면서 화려하게 직장을 옮기며 사회생활을 이어갔고, 돈도 얼마간 모았다.

그리고 그 돈은 쇼핑몰에서 순식간에 날아갔다. 한때는 내 인생의 전부를 쏟아부은 곳, 하루 종일 주문을 받고, 택배를 포장하고, 온라인 광고를 관리하며 정신없이 바쁘게 살았던 곳, 매출은 들쭉날쭉했지만 그 불안정한 수익에도 설레어 미소 지었던 아주 짧은 시간, 나는 스스로 삶을 개척하고 있다는 감각에 짜릿함을 느끼며 사업에 젊음을 쏟았다. 하지만 잠깐의 흔들림은 순간의 무너짐으로 이어졌다. 광고비는 오르기 시작했고, 주문 건수는 줄어들었다. 곧 다시 좋아질 것이라며 애써 불안을 외면했다. 그러다 결국, 전 재산을 잃었다.

돈을 잃었다는 사실보다 나를 믿고 응원했던 사람들에게 이 실패를 어떻게 설명해야 할지 몰랐던 것이 더 아팠다. 차마 부모님께도 친구에게도 고백할 수 없었다. 나는 점점 사람을 피해 숨어들었다. 전화기를 꺼놓고, 메신저를 닫았다. 스스로에게 실패한 사람이라는 낙인을 찍고, 아무도 없는 어둠 속으로 숨어들었다.

어느 날, 극단적인 결심을 하고 지구 반대편에 있는 한 유명한 관광지로 도망치듯 떠났다. 그렇게 세계에서 가장 유명한 폭포 앞에 도착했다. 폭포의 굉음을 들으며 내 삶의 마지막 발걸음을 떼려 했다. 폭포 소리가 마치 지옥 입구에서 들려오는 비명 같았다. 모든 것은 끝났다. 끝났다고 생각했다. 그런데 발이 떨어지지 않았다. 그 자리에서 한참을 울며 서 있었다. 그래도 앞으로 가려는 발이 떨어지지 않았다. 그러다 뒷걸음쳤다. 결국 그 뒷걸음이 나를 앞으로 이끌어 현재로 데려왔다.

그날 폭포 앞에서 울부짖으며 끝이라 믿었던 그 자리가 생의 의지를 확인하는 자리였음을 이제는 안다. 그때의 멈춤은 다시 한번 살아보겠다는 생의 의지를 만들었다. 그렇게 천천히 죽음의 폭포에서 걸어나온 나는 집으로 돌아오는 비행기에 오르며, 손에 쥔 탑승권을 새로운 삶을 향한 증명서라 정의했다.

가장 어두운 순간을 통과할 수 있었던 건 결국 사람 덕분이었다. 삶의 가장 낮은 지점에서도, 나를 처음부터 끝까지 지켜보며 말없이 곁을 지켜준 한 사람, 실패로 주저앉았을 때 아무 말도 하지 않고 그저 손만 잡아주던 사람. 20년이 지난 지금, 그 사람은 내 아내가 되었고, 내 아이의 엄마가 되었다.

사람들은 흔히 실패를 끝이라 믿고 멈춰버린다. 하지만 멈춤은 끝이 아니다. 잠시 숨을 고르는 시간이자, 삶의 문장을 새로 쓰기 위한 쉼표에 불과하다. 폐업 후 오랜 시간 동안 '실패'라는 단어 대신 '쉼표'라는 단어를 마음속에 새기려 노력했다. 삶의 문장 하나가 끝나고 새로운 문장이 시작되는 그 짧은 시간, 우리는 숨을 고르고, 울음을 삼키고, 다음 문장을 준비한다. 실패를 겪어본 사람은 누구나 그 깊고 어두운 침묵 속에 빠져본 기억이 있을 것이다. 그 침묵 속에서 우리는 진짜 자신을 마주할 수 있다.

그 여행에서 돌아온 후 나는 다시 삶을 꾸려갔다. 물론 쉽지는 않았다. 하지만 나는 이미 그 폭포 앞에서 삶의 가장 큰 소리를 들었기에 그 소리를 품고 살아갈 수 있었다. 실패는 내 인생을 멈추게 했지만 그것이 끝이 아니라는 것. 그 멈춤은 오히려 나를 다시 일으켜 세운 소중한 시간이었다는 것.

실패는 내 인생의 쉼표였다

"인생에서 가장 깊은 좌절은 실패 자체가 아니라, 다시 시작할 수 없다는 믿음이다."

우리는 종종 '망했다'는 말 속에 '끝났다'는 감정을 담는다. 실패한 사람은 무언가를 잘못한 사람이고, 다시 기회를 얻으려면 침묵해야 한다고 배워왔다. 하지만 정말 그런가? 우리는 왜 실패를 그렇게도 무겁게 여기며, 실패 앞에서 스스로를 삭제하려 하는가?

삶은 직선이 아니다. 정상에 도달하는 여정이라기보다는 미로를 걷는 것에 가깝다. 어느 방향으로든 걸음을 옮길 수 있고, 때로는 벽에 부딪히기도 한다. 중요한 건, 멈춰 선 자리에 주저앉아 모든 것을 끝내는 게 아니라, 그 벽 앞에 주저앉은 나를 일으키는 것이다. 실패는 우리를 무너뜨릴 수 있지만, 동시에 우리를 다시 구성할 기회를 주기도 한다. 실패가 단지 경로에서 이탈한 것이 아니라 목적을 재정립하는 것이라면, 우리는 실패를 '돌이킬 수 없는 낙인'이 아닌 '다시 삶을 구성하는 이정표'로 받아들일 수 있다.

많은 사람이 실패의 순간 고립을 경험한다. 아무에게도 말하지 못하고, 감당할 수 없는 감정을 삼킨 채 사라진다. 그러나 실패가 실제로 가져오는 건 고립이 아니라 침묵임을 잊지 말아야 한다. 누군가는 그 침묵 속에서 자신을 잃지만, 또 누군가는 그 침묵 끝에서 자신을 마주한다. 인생은 무너져도 다시 일어날 수 있다는 사실을 아는 것으로 완성된다.

무너진 자리에서, 주저앉은 바닥에서 우리는 자기 안의 진짜 목소리를 듣게 된다. "여기까지가 끝이야."라는 말은 그렇게 "여기서부터 다시 시작이야."라는 뜻이 된다. 두 문장 사이에 놓인 건, 선택이다. 나는 그날 '살고 싶다'는 감정을 선택했다. 내 감정이 내 몸을 움직였다. 살고 싶다고 하니 발이 떨어졌다. 그때의 선택은 내 삶의 방향을 바꾸었다. 인생의 문장 하나가 끝나고, 새로운 문장이 시작되기 전의 쉼표. 우리는 그 쉼표에서 숨을 고르고, 울음을 삼키고, 다시 삶을 써 내려간다.

진짜 무서운 건 실패가 아니라, 실패 이후 침묵 속에서 어떤 삶의 문장도 남기지 않겠다는 생각이다. '망했다'고 말하기보다는, 멈추어 있던 시간에서 내가 무엇을 얻었는지를 말해보자. 결국 중요한 건, 내가 지금 어떤 사람이 되었는가이다.

"실패의 시간을 회복하는 방법"

- **실패를 경험이란 이름으로 바꾸기** : 결과보다 그때의 나를 이해하는 관점으로.
- **멈춤을 수용하고 인정하기** : 도전이 멈췄을 뿐, 삶이 끝난 것은 아님.
- **감정을 덮지 말고 들여다보기** : 슬픔·분노·자책, 그 모든 감정도 나의 일부.
- **삶의 다음 문장을 위한 쉼표로 삼기** : 실패 이후에도 새로운 이야기는 계속될 수 있음.

실패한 나도 여전히 나다

우리는 살아가면서 수많은 목표를 세우고 그 목표를 이루기 위해 최선을 다한다. 원하는 결과를 얻기 위해 밤잠을 줄이고, 지쳐 쓰러질 듯한 몸을 억지로 일으켜가며 끝까지 포기하지 않는다. 그러나 때로 삶은 우리가 계획한 대로 흘러가지 않는다. 원했던 결과 대신 실패라는 현실을 마주하게 될 때, 우리 안에서는 그때까지 성취한 일이 아니라 바로 나라는 존재 그 자체가 무너져내린다.

왜 우리는 실패를 이토록 두려워할까. 실패를 두려워하는 이유는 단지 노력한 의미가 사라졌기 때문이 아니다. 그것은 바로 우리 자신을 지탱해왔던 정체성이 흔들리기 때문이다. 우리가 이루어낸 성과가 우리 자신을 규정해왔다고 믿기에, 실패의 순간 우리는 존재 자체가 부정당하는 듯한 깊은 고통을 느끼게 된다. 사업이 실패하면 사업만 끝나는 것이 아니라 나라는 사람도 끝난다고 믿고, 목표에 도달하지 못하면 목표뿐 아니라 스스로의 존재까지 무의미하게 느낀다. 그래서 실패를 단지 하나의 사건이 아닌, 삶 전체의 의미를 뒤흔드는 내면의 붕괴로 받아들인다.

이 지점에서 철학은 우리에게 다시 한 번 묻는다. "인간은 자신의 가치를 어디에서 판단하는가?" 독일 철학자 에리히 프롬은 『자유로부터의 도피』에서 현대인이 진정한 자유가 가져오는 고독과 불안을 감당하지 못해, 외부 권위나 사회적 평가에 자신의 가치를 의존하는 경향이 있다고 분석한다. 이러한 현상은 자유를 회피하려는 '자유로부터의 도피'로 설명되며, 프롬은 이를 통해 현대인의 심리적 갈등을 깊이 탐구한다.

우리는 타인의 평가나 사회적인 지위, 성취한 결과를 기준으로 자기 자신을 판단하는 데 익숙하다. 그렇기에 실패는 우리의 정체성을 송두리째 흔들어놓는 것이 된다. 그러나 진짜 자신이 누구인지를 외부의 평가로 판단할 수 있을까? 성취한 결과가 아니라면, 우리는 무엇으로 스스로를 규정할 수 있을까? 이 질문 앞에서 우리는 삶의 진정한 의미를 다시 생각하게 된다.

삶에서 중요한 것은 무엇을 이루었는가가 아니라 어떤 사람이 되었는가, 어떤 마음으로 살아왔는가이다. 어떤 가치를 지키며 살아왔는지, 어떤 자세로 삶을 대했는지가 진정한 나를 결정한다. 성공한 사람이라는 평가보다 실패 앞에서도 자신을 포기하지 않았는지 물어보는 질문이 더 의미 있다. 실패했다는 이유만으로 우리의 존재가 사라지지는 않는다. 실패한 그 순간에도 포기하지 않고 살아 있는 존재가 바로 자신이다. 실패는 분명 고통스럽고 힘겨운 경험이다. 그럼에도 나는 실패를 겪고도 여전히 살아 있다.

세상의 기준에서 본다면 패배자일지 모르지만, 존재의 관점에서 보면 삶을 놓지 않은 용기 있는 사람이다.

화려한 성공의 언어가 우리를 유혹하지만, 진정한 삶의 깊이는 실패의 언어 속에 숨어 있다. 실패의 언어는 깊고 진실하며 가장 본질적인 질문을 던진다. 우리는 무엇을 위해 살아가는가? 실패 앞에서도 자신을 여전히 사랑할 수 있는가? 이 질문들 앞에서 우리는 정직하게 대답해야 한다.

실패한 그 순간에도 나는 여전히 나이며, 나의 가치는 결코 무너지지 않는다. 나의 존재는 성공이나 실패 같은 단순한 결과에 의해 결정되지 않는다. 나는 그 이상의 존재이며, 살아 있다는 그 자체만으로도 충분히 가치 있다. 삶은 수많은 실패와 성공의 반복이다. 중요한 것은 결과가 아니라, 실패 속에서도 나를 버리지 않고 살아내는 태도다. 우리는 실패 앞에서도 삶을 계속 살아갈 이유를 만들어야 한다.

이제 나는 실패 앞에서 고개를 숙이지 않는다. 대신 실패를 통해 더 깊은 나를 만나고, 다시 나아갈 힘을 얻는다. 실패한 나도 여전히 나 자신이라는 사실을 믿으며, 나라는 존재의 가치를 어떤 상황에서도 잃지 않겠다는 다짐을 가슴에 새긴다. 이것이 바로 우리가 실패 앞에서 가질 수 있는 가장 아름답고 강력한 태도다.

실패의 시간을 통과할 때 읽어야 할 책들

『하버드 회복탄력성 수업』 _ 게일 가젤

국내 출간: 현대지성, 2021, 손현선 번역

직접 상담한 다양한 사례를 소개하며 독자가 자기 상황에 직접 적용할 수 있는 회복탄력성의 원리를 알기 쉽게 설명한다.

『빠르게 실패하기』 _ 존 크럼볼츠, 라이언 바비노

국내 출간: 스노우폭스북스, 2022, 도연 번역

20년간 진행된 스탠퍼드 대학교의 '인생 성장 프로젝트' 연구의 결과를 담은 책. 철저한 준비와 계획은 그저 지금의 생각일 뿐, 가능한 한 더 빨리 시작하고 최대한 더 많이 실패하라는 메시지를 전한다.

○ 비행기 탑승권 ●

모든 걸 끝내려 떠났던 길엔 그 종이를 버렸지만,
돌아오는 길엔 그 종이를 가슴에 품었다.

아무도 알아주지 않아도, 나만은 나를 알아주자

"타인의 인정은 영원히 배고픈 식탁이다."

내가 만든 동호회가 해체된 후 남겨진 건 상실감뿐이었다. 처음부터 거창한 꿈을 품고 시작했던 것은 아니었지만, 함께 모여 무언가를 만들어낸다는 성취감과 소속감은 나를 기쁘게 했다. 사람들과 어울려 웃고 떠들며 시간을 보내는 것만으로도 충분히 행복했다. 하지만 시간이 지나고 목표가 커지면서 소소한 즐거움은 점차 부담으로 변했고, 결국 우리는 서로를 잃어버린 채 흩어졌. 해체 이후 내 삶은 큰 변화를 맞았다. 회사에서도 일상에서도 내 주변에 사람이 머물지 않았다. 시선은 차가웠고, 가끔씩 건네는 농담에는 날이 서 있었다. 그럴 때마다 나는 어색한 웃음을 지으며 그 자리를 피했다. 사람들 사이에서 홀로 남겨진다는 것은 아픈 일이다. 그때 처음으로 '버림받음'이라는 감정을 마주했다. 그 감정은 단지 동호회가 무너졌다는 사실 때문만이 아니라, 함께했던 사람들 사이에서 내가 어느새 투명해졌다는 느낌에서 시작된 것이었다. 나와 같은 경험을 해본 사람이라면 알 것이다. 어느 순간 갑자기 자신이 세상으로부터 잊힌 존재가 되어버렸다는 그 쓰라린 기분을.

그 시절, 나에게는 두 가지 선택지가 있었다. 모두가 등을 돌린 상황에서 스스로를 더 깊은 고립으로 몰아넣거나, 고통스러워도 다시 사람들 곁으로 다가가는 것. 나는 첫 번째를 선택했다. 나 자신을 보호하기 위한 본능적인 결정이었다. 출근길에는 아무도 없는 회사 뒷편에 주차를 했고, 대화가 필요할 때조차 말을 아꼈다. 점심시간에는 식사는 거르는 것이 기본이었다. 그러다 가끔씩 견디기 힘들 정도로 외로움이 느껴질 때 트렁크에 넣어둔 기타를 꺼내 연주하며 마음을 달랬다. 그 순간만큼은 세상과 완벽히 단절되어 있었다. 고독은 때로 가장 안전한 피난처가 되어주기도 한다. 혼자 있는 시간이 길어질수록 처음에는 아프고 외롭지만, 점점 그 안에서 나 자신과 마주하는 법을 배우게 된다. 나는 홀로 앉아 내가 겪은 실패와 실망, 그리고 상처를 가만히 들여다보았다. 처음에는 그 상처들을 외면하고 싶었고, 그저 빨리 잊고 싶었다. 하지만 결국 내가 외면했던 그 모든 상처들이 내 마음속 깊은 곳에 묻혀, 아무도 모르게 나를 좀먹고 있었음을 깨달았다.

어느 날 밤, 문득 잠에서 깬 나는 화장실 거울에 비친 내 얼굴을 보고 미안함을 느꼈다. 나를 전혀 보살피지 않으면서 보호하고 있다고 말했기에 내게 미안했다. 가장 힘들었을 때조차 스스로를 안아주지 않은 채 멍한 표정을 짓고 있는 나에게 미안함이 느껴졌다. 그래서 다짐했다. 이제부터는 나를 알아주자고. 세상이 나를 외면할지라도, 내가 나를 놓치지 말자고. 그 후로 일상을 천천히 회복해갔다. 여전히 사람들과의 관계는 어려웠지만, 조금씩 다시 웃고 말을 걸었다. 혼자 있던 시간은 나를 무너뜨리지 못했고, 오히려 내가 더 단단해지게 만들었다. 사람들이 알아주지 않아도 괜찮았다. 중요한 것은 내가 나를 알아주고 있다는 사실이었다. 실패도, 좌절도, 상처도 모두 나의 일부였고, 나를 있는 그대로 인정하는 법을 배웠다. 그때 문득 의문이 떠올랐다.

"행복하다는 말을 해본 게 언제일까?"

내가 행복을 찾기 시작한 것은 그때부터였다. 그렇게 시작된 행복 찾기 여정은 두 권의 책이 되었고, 대중을 향한 강연이 되었다. 그 과정에서 나는 행복을 찾았다. 그리고 잠시 번아웃을 만난 것

뿐이다.

어쩌면 우리는 모두 비슷한 경험을 하며 살아가는지도 모른다. 사람들 속에서 갑자기 혼자가 되는 순간이 누구에게나 찾아온다. 중요한 것은 그런 순간을 회피하거나 부정하는 것이 아니라, 그 고독과 마주하고 그것을 받아들이는 것이다. 고독은 결코 우리를 파괴하지 않는다. 그것은 오히려 우리에게 자신을 제대로 바라볼 수 있는 기회를 준다.

지금 나는 지난 시간의 상실과 외로움을 돌이켜보며 오히려 감사한 마음이 든다. 그 시간이 없었다면 나는 결코 지금의 내가 될 수 없었을 것이다. 여전히 사람들 속에서 쉽게 어울리지 못할 때도 있고, 때때로 고독에 익숙해진 자신이 조금 서글프기도 하지만, 그 모든 시간들은 결국 나를 만드는 시간이었다.

이제는 그 어떤 아픔도 기꺼이 받아들일 수 있을 것 같다. 아무도 나를 대신 살아줄 수 없고, 아무도 나 대신 아파해줄 수 없다는 사실을 인정할 때, 비로소 진짜 삶은 시작된다. 아무도 알아주지 않아도, 나만은 나를 알아주어야 한다는 사실을 잊지 말자. 그리고 그 사실 하나만으로도 우리는 다시 일어설 수 있다.

나 자신을 알아주는 사람은 나뿐이다

누구도 나의 실패를 알아주지 않았다. 조롱과 침묵이 실패보다 더 아프게 다가왔다. 가장 외로운 순간은 실패의 무게보다, 그 실패를 누구에게도 꺼내놓을 수 없을 때 찾아온다. 그 시간 속에서 사람은 자신을 의심하게 되고, 스스로에게조차 무관심해지며 무너져간다. 그러나 삶은 그렇게 무너져도 계속 이어진다. 출근길은 여전히 반복되고, 누구도 내 이름을 부르지 않지만, 하루는 또 하루를 이끌며 흘러간다.

누구도 알아주지 않는 시간을 지나오며 깨달았다. 나를 다시 일으킬 수 있는 사람은 결국 나뿐이라는 것. 누군가의 위로, 누군가의 관심, 누군가의 인정이 간절했던 시간 속에서, 정작 나 자신이 나를 바라봐준 것은 결국 나였다. 인정받지 못한 시간에도, 다시 나를 향해 눈을 돌리는 일이 필요하다. '나는 여전히 여기 있다'는 사실을 잊지 않아야 한다.

작고 사소한 선택들은 삶을 엮어간다. 누군가에게는 별것 아닌 하루의 루틴이, 외롭고 지친 사람에게는 생존을 증명하는 의식이 된다. 아무도 지켜보지 않아도, 아무도 칭찬하지 않아도, 그 모든 순간에 내가 함께 있다는 것을 알아차릴 수만 있다면, 삶은 어떻게든 회복된다.

　내가 나를 알아주는 일은 나를 다시 살아가게 하는 가장 깊은 힘이다. 스스로를 향한 인정은 '나는 아직 살아 있다'는 사실을 확인시켜 준다. 인정이란 반드시 누군가로부터 오는 상찬이 아니라, 살아내는 나를 스스로 바라보며 보내는 작고 묵직한 신호다. 그 신호를 매일 조용히 점검하는 사람이 될 수 있다면 회복이 시작된다. 인생은 거창한 구호나 위대한 다짐보다, 하루하루의 자존을 어떻게 회복하느냐에 달려 있다. 그것은 앞으로 맞이할 고비마다 삶을 지탱하는 가장 단단한 버팀목이 될 것이다. 아무도 알아주지 않는다고 주저앉지 말자. 우선 내가 나를 붙잡아야 한다. 그렇게 오늘도 나는 나에게 말한다.

"오늘도 잘 견뎠다."

"나를 스스로 붙드는 방법"

- 하루에 한 번 나에게 인사하기 : "잘 버텼어"라는 짧은 말로 자존 확인.
- 감정 일기를 짧게 써보기 : 내 감정을 글로 적으며 내면에 귀 기울이기.
- 나만의 회복 루틴 만들기 : 산책, 독서, 악기 연주 등 정해진 일상 의식 확보.
- 비교 대신 현재의 나를 바라보기 : 어제보다 한 걸음 더 나아간 나를 알아보기.

존재를 증명하는 단 하나의 시선

살다 보면 문득 투명인간이 된 것처럼 느껴지는 날이 있다. 누구의 기억 속에도 내가 남아 있지 않은 것 같고, 어떤 이의 눈길조차 나를 향하지 않는 것처럼 느껴질 때가 있다. 세상에서 나를 알아주는 사람이 아무도 없다는 그 감각은 마치 내가 이 세상에 존재하지 않는다는 느낌과 같다. 사람은 결국 누군가의 눈길, 누군가의 인정으로 스스로의 존재를 확인하려 들기에, 그것이 사라지면 우리 마음의 중심부에서 커다란 균열이 시작된다. 그럴 때 우리는 스스로에게 물어야 한다.

"나는 지금 나 자신을 제대로 바라보고 있는가?"

우리가 스스로의 존재를 가장 깊이 의심하게 되는 때는 타인이 나를 외면하는 순간이 아니다. 내가 스스로를 외면하는 순간이다. 그것은 세상이 나를 몰라본다고 느낄 때보다 더 절망적이다. 나 자신을 돌아보지 않고, 나의 존재를 인정하지 않을 때, 삶의 방향을 잃고 표류하게 된다. 자기 자신과의 연결이 끊어지면 외부의 어떤 인정으로도 내면의 공허함을 채울 수 없게 된다.

철학자 마르틴 부버는 그의 대표작 『나와 너』에서 인간 존재의 본질을 진정한 '대면'에 있다고 말했다. 사람은 관계 안에서 비로소 존재의 의미를 발견하고, 그 관계가 만들어 내는 진실한 대면 속에서 스스로의 존재를 실감한다. 하지만 여기서 간과하지 말아야 할 것이 있다. 부버가 말한 '너'는 반드시 타인일 필요는 없다는 것이다. 때로는 실패한 나, 아픔 속에 흔들리는 나, 무너져내린 나를 바라보는 내 자신의 시선도 진정한 '대면'이 될 수 있다.

그럼에도 스스로를 마주하는 일은 어렵다. 타인의 눈으로 보는 나는 가끔 화려하거나 반듯하거나 훌륭한 모습일 수도 있지만, 혼자 남겨진 시간 속에서 스스로를 바라보면 내가 가진 부족함과 실패, 끝없는 후회와 좌절이 그대로 드러난다. 그래서 우리는 자신을 보는 것을 회피한다. 스스로를 실패자라 규정하며, 자기 자신으로부터 시선을 돌리기 바쁘다. 하지만 나 자신을 향한 시선은 끝까지 놓지 말아야 한다. 내 존재의 가치는 타인의 인정과 평가를 통해 완성되는 것이 아니다. 내가 나를 알아주는 그 순간에 존재의 진정한 가치가 증명된다.

타인이 내 가치를 인정하는 순간만을 기다린다면 우리는 영원히 불안한 삶을 살아갈 수밖에 없다. 근본적인 자존감을 회복하려면 타인의 평가가 멈춘 자리에 스스로를 세울 용기가 있어야 한다. 남들의 눈치를 보지 않고, 내가 나를 알아보고 나를 인정하는 순간에야 우리는 진정한 삶의 의미와 기쁨을 발견하게 된다. 이 세상 누구도 나를 알아주지 않을 때조차, 내가 나를 알아준다면 그것만으로 우리는 충분히 삶을 이어갈 이유를 얻는다.

지금, 외로운 밤을 보내고 있을지도 모르는 당신에게 말하고 싶다. 그 어떤 순간에도 자신을 끝까지 지켜보는 시선을 돌리지 말자. 가장 단단한 위로는 나 자신으로부터 온다는 것을 잊지 말자.

내가 나를 알아주는 연습을 돕는 책들

『인간의 굴레에서』 _ 서머싯 몸

국내 출간: 민음사, 1998, 송무 번역

물리적인 장애와 감정의 상처 속에서도 끊임없이 스스로의 의미를 찾아가는 주인공의 여정을 그린다. 아무도 이해해주지 않아도 삶의 무게를 견디며 자신의 길을 가는 모습을 통해 내가 나를 인정해주는 일이 얼마나 중요한지를 되새기게 된다.

『어떻게 나답게 살 것인가』 _ 에밀리 에스파하니 스미스

국내 출간: 알에이치코리아, 2019, 김경영 번역

치열한 세상에서 나답게 살기 위한 비결을 알아내기 위해 과거부터 현재까지 흔들림 없이 살아가는 이들을 연구해서, 자기만의 의미로 살아가는 사람들을 소개하고 방법을 전한다.

○ 핸드크림 ●

지워지지 않는 하루의 거칢을
내 손으로 쓰다듬어주는 순간.

나는 여전히 불완전한 나를 안고 살아간다

"완벽한 삶은 없다. 완벽을 포기할 때 삶은 비로소 온전해진다."

나는 지금 꽤 많은 것을 가진 사람으로 보인다. 사랑하는 아내와 딸이 있고, 그들이 편히 쉴 수 있는 아파트도 있다. 출판된 책들이 내 이름을 알리고, 강연 무대에 서면 사람들은 나를 향해 박수를 보내며 때론 존경한다는 말까지 전한다. 그런 내 모습을 보고 누군가는 부럽다 말하고, 어떤 이는 "이제 다 이뤘다."며 축하의 말을 건넨다. 하지만 그 모든 것을 손에 넣은 지금도, 마음 어딘가는 여전히 허전하다.

문득 지나간 기억이 떠오른다. 첫 직장에서 받았던 50만 원이라는 작은 급여, 그것을 늘려가며 차곡차곡 모은 전 재산이 사라지던 날, 그리고 다시 일어서 새 삶을 시작했던 기억, 그렇게 다시 삶에

복귀한 나는 가장 먼저 잃어버린 돈을 복구하는 데 집중했고 완수되자 가정을 이루고 첫 차를 구입했다. 내 인생의 첫 차, '스파크'.

언뜻 들으면 아주 자연스러운 성공 스토리 같지만 내 첫 차는 만족이 아닌 결핍을 상징하게 되었다. 너무나도 나를 허전하게 만들었던 기억, 지금 내가 이토록 돈에 집착하고, 좋은 차를 가지려 혈안인 이유, 그 이유를 찾아 오랜 시간을 고민했다. 그렇게 도착한 곳이 내 첫 차의 기억이었다. 호텔 정문 앞에서, 백화점 발렛 창구 앞에서, 어김없이 돌아왔던 차별의 눈빛. 주차 요원은 내 차를 늘 뒤편에 밀어넣었고, 종업원은 열쇠를 손끝으로 받았다. "차는 뒤에 주차해드릴게요." 그 말은 늘 나를 뒤로 밀어넣는 말이었다. 난생처음 느낀 모멸감이었다.

유년기에는 똘똘한 아이라 칭찬받았고, 학교에 입학해서는 늘 성적 상위권에 이름을 올리며 공부 잘하는 학생으로 인정받았다. 19살이라는 이른 나이에 사회생활을 시작한 대견한 녀석이었고, 직장생활과 병행했던 대학 공부는 평균 학점 4.37이라는 기록을 남겼다. 애인이 없어 고민해본 적도 없다. 젊은 나이에 사업을 하며 대표이사라는 직함도 가져봤다. 그랬다. 나는 그때까지 무시당하는 삶을 살아본 적이 없었다. 하지만 내 첫 차는 경차였다. "그 차 타고 사고 나면 죽어." "차 같지도 않은 걸 끌고 나왔냐?" 물론 그럴 때마다 나는 어색한 웃음으로 상황을 모면했다. 그 경험은 너무나도 낯설었다. 그렇게 내면의 결핍이 자라기 시작했다. 세상은 외모로, 직급으로, 그리고 차로 사람을 판단한다. 그리고 그 판단에서 내가 밀려났다. 내가 초라하게 느껴졌다.

결국 그 결핍은 삶 전체로 번져, 내 모든 선택의 기준이 되었고, 존중받지 못했다는 감각, 누군가의 시선 속에서 '하찮은 존재'로 소비되고 싶지 않다는 욕망이 되어 몸부림치기 시작했다. 내가 그 감정을 견딜 수 없었던 모양이다. 이후 나는 더 좋은 차를 타기 위해, 더 비싼 차를 사기 위해 잠을 줄여가며 일했고 스스로를 극한까지 몰아붙이면서까지 돈을 벌어들였다. 결국 지금은 고가의 수입차를 타고 다닌다. 그런데 이상하게도 여전히 불안하다. 마음 한구석이 여전히 서늘하다. 스스로에게 '이제 됐다'고 말하고 싶지만, 그 말은 매번 입안에서만 맴돌다 삼켜진다. 감정이 자동차라는 대상에서 다른 대상으로 옮겨갔을 뿐, 완전히 해소되지 않은 것이다.

한때는 이런 결핍이 나만의 문제라고 생각했다. 하지만 주변 사람들과의 대화를 통해 누구나 자신만의 결핍과 싸우고 있다는 사실을 알게 됐다. 승진을 위해 밤낮없이 노력하지만 여전히 부족하다고 느끼는 직장 동료, SNS에 올리는 완벽한 사진 뒤에 스스로의 외모를 끊임없이 불만족스러워하는 친구, 자녀에게 최선을 다하고도 자신이 좋은 부모가 아니라고 자책하는 지인까지. 모두 각자의 '경차'를 마음에 품고 있는 것이다.

우리는 욕망을 충족시키기 위해 노력하지만, 그 욕망은 결코 완전히 채워지지 않는다. 하나의 목표를 이루면 또 다른 욕망이 생겨난다. 그래서 성취는 순간적이며, 타인의 인정은 항상 불안정하다. 결국, 진정한 문제는 부족함 자체가 아니라 불완전한 나 자신을 인정하지 못하는 태도였다.

어쩌면 인생은 빈자리를 채우는 것이 아니라 결핍과 함께 살아가는 것인지도 모른다. 후회, 상처, 불안, 그리고 자격지심마저도 내 인생의 일부로 인정하고, 그들과 평화롭게 공존하는 법을 찾는 것이다. 완전해지려고 애쓰기보다는, 지금의 나를 사랑하고 이해하려는 노력이 삶을 더 단단하게 만든다.

나는 이제 마음 한구석에 남아 있는 허전함조차 자연스러운 인간다움의 일부분으로 받아들이게 되었다. 허전함은 사라지지 않는다. 그래도 괜찮다. 오늘도 나는 마음속의 결핍을 품고 살아간다. 그러나 이제는 그것을 이상하다고 폄하하지 않는다. 그것은 나를 나답게 살아가게 하는 이정표이자, 나를 계속해서 나아가게 하는 힘이다. 허전한 마음도, 불완전한 나도 나다. 모든 것을 품고 살아가는 지금이 가장 나다운 순간이다.

나는 아직도 내 안에 '경차'를 데리고 다닌다. 쫓는다고 쫓아질 감정이 아니라는 것을 아니까, 그리고 그 감정 또한 나니까, 보듬고, 달래고, 때로는 가만히 놔두기도 한다.

불완전함을 받아들이는 용기

　　　　세상의 시선은 결코 가볍지 않다. 누군가의 무심한 한 마디, 비껴가는 시선, 작은 차별조차도 때론 마음을 휘저어놓는다. 겉으론 아무렇지 않은 척 웃지만, 마음속 깊은 곳에는 미처 정리하지 못한 감정이 가라앉는다.

'왜 나는 그때 그렇게 작아졌을까.'
'왜 그 말에 상처를 받았을까.'

　시간이 흘러도 쉽게 씻기지 않는 감정이 있다. 그것은 모멸감이다. 존재 자체를 하찮게 느끼게 만드는 감각. 단지 내가 가진 차, 입고 있는 옷, 걷고 있는 경로 하나만으로 누군가의 판단을 받았을 때, 우리는 자신을 방어하기보다 스스로를 부끄러워하게 된다. 그렇게 시작된 결핍은 시간이 지나며 욕망으로 바뀌고, 욕망은 다시 강박으로 굳어진다. 더 좋은 것을 가져야 하고, 더 높이 올라야 하고, 더 완벽한 사람이 되어야 한다는 압박.
　하지만 그 과정은 끝이 없다. 높은 성취, 남들의 인정, 고가의 물건들조차 마음속 허기를 완전히 채워주지 못한다. 결핍의 근원은

'존재'가 아닌 '존재감'에 있기 때문이다. 살아 있기에 나는 당연히 존재한다. 하지만 내가 존재하고 있음을 느끼는 것은 살아 있는 것만으로 증명되지 않는다.

  진짜 문제는 부족함이 아니라, 불완전함을 인정하지 못하는 태도다. 우리는 어릴 적부터 완벽에 가까운 모습만을 칭찬해왔다. 실수 없는 모습, 좋은 성적, 사회적 성공만이 '괜찮은 사람'의 조건이 되었다. 그러다 보니 조금의 흠결에도 우리는 자격을 의심하고, 존재 가치를 흔든다. 하지만 인간은 원래부터 불완전한 존재다. 불안도, 열등감도, 두려움도 모두 인간을 구성하는 하나의 요소이기에 그것을 없애려는 싸움은 애초부터 성립될 수가 없다.

  우리는 각자 내면에 어린 시절의 자아를 품고 산다. 상처받고, 외면당하고, 초라해졌던 시기의 나를 떼어놓는다고 해서 완전해지지는 않는다. 오히려 그 아이를 인정하고 품을 수 있을 때, 진짜 회복이 시작된다. 불완전한 나를 안고 살아간다는 건, 더 이상 증명하지 않아도 괜찮다는 선언이다. 누구에게 보여주기 위해서가 아니라 나 자신과 조화를 이루기 위한 삶. 그것이야말로 감정을 살아가는 태도다.

  인생은 빈 곳을 채우는 과정이 아니라 모든 것을 안고 가는 여정이다. 우리는 싫은 감정을 지우고, 부족한 감정을 채우는 데 열정을 쏟지 말고 공존하는 데 열정을 담아야 한다. 완전해지려고 애쓰는 대신, 불완전한 나를 사랑하려는 시도. 그것만이 우리를 매 순간 살아 있게 만든다. 완전하지 않아도 된다. 불완전한 채로도 괜찮다.

"그때 상처받은 너도, 지금의 너도, 모두 좋아."

"불완전한 나를 안고 사는 법"

- 결핍의 감정 알아차리기 : 허전함 뒤에 감춰진 감정의 실체를 마주하기.
- 내 안의 어린 자아와 대화하기 : 모멸감 속 작은 나를 인정하고 따뜻이 품기.
- 증명이 아닌 공존을 선택하기 : 존중받기 위한 삶보다 조화로운 삶을 지향하기.
- 괜찮지 않아도 괜찮다고 말해주기 : 불안한 나에게 매일 다정한 문장 하나 건네기.

나를 인정하는 일이 철학이 되는 순간

우리는 늘 완벽을 꿈꾼다. 완벽한 성과, 완벽한 관계, 완벽한 삶. 이 모든 것들이 완성되었을 때 비로소 행복할 수 있다고 믿으며 살아간다. 그러나 삶은 종종 우리에게 다른 답을 준다. 목표했던 것들이 하나씩 이루어지고, 다른 사람의 눈에 성공한 삶을 살고 있는 것처럼 보여도, 어느 순간 알 수 없는 공허함을 느낀다. 정상에 섰다고 믿는 순간에도 마음 깊은 곳에선 채워지지 않는 빈자리가 남아 있다. 바로 그 자리는 우리가 끊임없이 숨기고, 외면하고자 했던 불완전한 자신을 위한 자리다.

사람들은 쉽게 자신의 결핍을 드러내지 못한다. 불완전한 모습을 인정한다는 것은 실패자라는 낙인을 찍히는 것과 같다고 생각한다. 우리는 사회가 원하는 완벽한 이미지에 자신을 맞추기 위해 애쓴다. 하지만 완벽은 환상이다. 오히려 완벽을 추구할수록 더 깊은 고독과 허무의 심연으로 빠져들 뿐이다.

독일 철학자 쇼펜하우어는 "인생이란 고통과 권태 사이를 오가는 시계추와 같다."라고 표현했다. 욕망이 충족되면 곧 권태가 찾아오고, 욕망이 충족되지 않으면 고통이 따른다는 말이다. 쇼펜하우어의 철학을 빌리자면, 우리가 완벽을 좇으며 성취하려는 욕망은 결국 우리를 더 큰 공허로 몰아넣을 뿐이다.

　삶의 진정한 가치는 완벽한 모습에 있지 않다. 오히려 자신의 불완전함을 진심으로 인정할 때 삶은 더 깊은 의미를 보여준다. 실패한 나, 실수했던 나, 좌절했던 나를 지워내는 것이 아니라, 그 모든 순간을 고스란히 인정하는 것이다. 인정이란 단지 자신을 위로하는 말이 아니라, 자기 존재의 가장 내밀한 진실을 마주 보는 일이다. 타인의 기준에서 벗어나 나 자신을 바라보는 순간, 우리는 진짜 나를 발견하게 된다.

　진정한 철학적 사유는 멀리 있지 않다. 자신을 가장 정직하게 인정하는 그 순간에 시작된다. 용기를 내어 우리가 품고 있는 결핍과 상처를 바라보는 것이야말로, 인간이 스스로를 가장 깊이 이해하는 방식이다. 자기 자신과의 진실한 대면을 통해, 우리는 비로소 외부의 평가에 흔들리지 않고 자기 삶의 주체가 된다. 그렇게 자신의 불완전함을 인정할 때 우리는 비로소 진정한 자유를 경험하게 된다. 과거의 부끄러웠던 기억, 타인에게 인정받지 못했던 순간들조차도 나의 일부임을 받아들이는 것, 그것이 곧 나를 온전히 사랑하는 일이다. 온전히 사랑한다는 것은 완벽한 나를 사랑하는 것이 아니라, 부족한 나까지도 품고 살아가는 것이다.

　세상은 끊임없이 완벽을 요구하지만, 인간은 본래 불완전한 존재다. 불완전함을 인정하는 것은 곧 삶의 모든 순간을 받아들이는 것이다. 우리는 이제 완벽이 아니라 진실함 속에서 위로를 얻어야 한다. 나는 부족하지만 여전히 살아 있고, 여전히 나아갈 수 있다는 고백, 이는 우리 삶을 더 강력하게 만든다. 불완전한 자신을 인정하는 것이 곧 철학이다. 그 순간부터 우리는 더 이상 외부의 기준으로 자신을 평가하지 않게 된다. 오히려 내면에서 우러나오는 진실한 목소리에 귀 기울이게 된다. 그렇게 살아가는 것이 바로 인간다운 삶이며, 진정한 자유로 가는 길이다. 우리는 완벽하지 않아도 충분히 사랑받을 자격이 있다. 우리는 불완전하기에 더욱 인간적이다.

나의 결핍을 품고 살아가는 데 도움을 준 책들

『자존감의 여섯 기둥』 _ 너새니얼 브랜든

국내 출간: 교양인, 2015, 김세진 번역

이 책은 우리가 자신을 존재로 받아들이지 못하고 성취와 비교, 타인의 시선에 휘둘리는 이유를 심리학을 통해 짚는다. 불완전한 자신을 회피하지 않고 있는 그대로 받아들이는 것이야말로 삶의 진실을 마주하는 첫걸음임을 일러준다.

『마음을 다스리는 감정 수업』 _ 크리스토프 앙드레, 알렉상드르 졸리앙, 마티유 리카르

국내 출간: 정민미디어, 2023, 김수진 번역

내 안의 감정, 어떻게 다스릴 것인가? 의사, 철학자, 승려가 공조하여 어제보다 더 만족스럽게, 좀 더 행복하게 사는 법을 제시한다.

○ 지갑 속 영수증 ●

지워진 숫자들 사이로 보이는 건 소비가 아닌 증명,
누군가 되고 싶었던 나의 애쓴 자국.

내가 나를 위로하지 않으면 아무도 할 수 없기에

"진짜 위로는 결국 혼자 남았을 때 시작된다."

우리는 종종 타인의 눈에 비친 자신의 모습을 생각하며 살아간다. 주변의 인정과 칭찬을 받으며 성취감을 느끼고, 다른 이들의 평가에 따라 자신의 가치가 정해진다고 믿는다. 하지만 겉으로 보기에 화려한 성과를 이룬 사람일지라도, 그 마음 깊숙한 곳에는 누구도 알아차리지 못하는 외로움과 불안이 자리 잡고 있을 수 있다.

성공을 향해 달려가는 과정에서 우리는 종종 스스로의 마음을 뒤로한 채 달리게 된다. 조직이나 사회에서 기대하는 역할을 충실히 수행하면서, 책임감을 다하기 위해 쉼 없이 노력한다. 그렇게 끊임없이 달리다 보면 겉으로 보이는 성취는 쌓이지만, 그 과정에서 자기 자신을 챙기지 못하고 점점 더 멀어지게 된다. 결국 겉보기에는 완벽하지만 내면에는 깊은 공허와 불안이 채워진다.

  나는 지금 세상이 말하는 성공의 시간 속에 살고 있다. 가진 것이 많아졌고, 이룬 것도 많다. 명함에 적힌 여러 개의 직업, 다양한 무대에서의 활동, 쏟아지는 질문과 요청들. 그렇다고 내 감정이 늘 긍정적이지만은 않다. 매 순간 감정이 움직이기 때문이다. 그러다가 부정적인 감정이 앞으로 나오면 털어놓을 사람을 찾게 된다. 그 장소는 하루의 대부분을 보내는 직장이고, 그곳에 함께 있는 동료들이다. 그들에게 내 고충을 이야기하면 답은 늘 한결같다. "제일 잘사는 놈이 왜 그래?" "너가 그러면 난 벌써 죽었겠다." 그 말에 악의가 없다는 걸 안다. 말을 꺼낸다는 건 누군가가 그것을 제대로 받아줄 준비가 되어 있어야 가능한 일이다. 그래도 나는 계속 털어놓는다. 난 그들이 생각하는 쇼윈도의 마네킹이 아니라고 증명하고 싶다. 그러다 보니 이제는 끙끙 앓는 소리를 내뱉는 것이 내 컨셉이 되어버렸다.

  결국 지금, 내 마음을 나눌 수 있는 사람은 오직 아내뿐이다. 하지만 '가족의 울타리를 지켜야 한다'는 책임감은 아내에게 쉽게 말을 꺼내지 못하게 한다. 만약 내가 감정을 꺼내는 순간이 찾아온다면, 그 순간은 내가 완전히 무너진 순간일 것이다. 번아웃은 너무 열심히 살아서 온 거라는 말에 눈물을 펑펑 쏟던 내 모습처럼…. 그렇게 되지 않기 위해, 나는 더 조용히 마음을 감춘다. 그러다 보니 이 세상에 내 감정을 온전히 건넬 수 있는 사람이 없다. 그래서 나는 스스로를 안고 살아간다. 위로와 다독임이 필요할 때도 나는 내 안으로 들어간다. 누군가의 어깨에 기대는 대신, 조용한 내면의 방에 앉아 나에게 말을 건다.

 우리는 종종 힘든 마음을 털어놓고 위로받고 싶어한다. 하지만 막상 어렵게 털어놓은 이야기에 돌아오는 것은 가벼운 농담이거나, "너 정도면 괜찮은 거야, 내 얘기 좀 들어봐." 같은 더 힘든 사람들의 푸념이다. 사람들은 겉모습만 보고 판단한다. 쉽기 때문이다. 그렇다고 다른 판단 기준이 있는 것도 아니다. 그럼에도 우리는 타인에게 공감받지 못해 외로움과 고립감을 느낀다.

 가끔 혼자 있는 시간에 자신에게 질문을 해보자. 어떤 것이든 좋다. 조용한 밤하늘 아래에서, 혹은 혼자 앉아 있는 카페에서…. 그렇게 일상에서 자신을 만나 묻고 답하는 시간을 가져야 한다. 가장 깊은 위로는 타인에게서 오는 것이 아니라 자기 자신에게서 온다. 타인의 말은 일시적으로 기분을 좋아지게 할 수 있지만, 진정한 위로는 내 마음에서 나온다. 계속 질문만 던질 것이 아니라 자주 격려해주자.

 우리에게는 의식적으로 자신과 마주하는 시간이 필요하다. 좋아하는 음악을 들으며, 조용히 책을 읽으며, 홀로 산책하며, 그 어떤 형태로든 스스로에게 귀를 기울이는 시간을 확보해야 한다. 그렇게 마음을 천천히 들여다보고, 감정을 다독이는 연습이 필요하다. 외부의 평가와 인정은 언제든 바뀔 수 있지만, 자신에게 주는 위로는 지속적이라 인생을 살아가는 내내 힘이 된다. 오직 자신에 대한 깊은 이해와 인정만이 흔들리지 않는 내면의 힘을 만들어준다.

이제 우리는 타인의 시선을 넘어서 스스로에게 정직하게 다가가는 용기를 가져야 한다. 우리가 스스로를 위로하고 이해할 수 있을 때, 비로소 진정한 삶의 안정과 평화가 찾아온다. 혼자서 걸어온 길 위에서 만난 외로움조차, 결국엔 우리 자신과 더욱 가까워지는 계기라는 것을 받아들이자.

혼자의 위로는 가장 깊은 울음에서 태어난다

누구에게나 쉽게 털어놓지 못하는 감정들이 있고, 위로받고 싶은 순간일수록 오히려 더 말없이 침잠해버리는 시간이 있다. 특히 책임이 많은 사람일수록 감정을 고백하면 약해지는 것처럼 느낀다. 그래서 우리는 외로움 속에서도 묵묵히 버티는 길을 선택한다. 사람들은 화려한 껍질만을 보며 누군가의 삶을 판단하지만, 진짜 삶은 그 껍질 속에서 무게를 견디는 일상에 있다.

아무도 몰라줘도 괜찮은 척하며 버텨야 하는 날들이 이어진다. 그리고 그렇게 버티는 일상은 어느 순간 '혼자의 위로'로 전환된다. 누군가 다가와 나를 꺼내주길 바라는 대신, 스스로 내 마음을 알아주는 길을 선택하게 된다. 혼자의 위로는 감정을 억누르는 일이 아니다. 오히려 그것은 감정을 섬세하게 마주하는 일이다. '나는 왜 지쳤을까' '무엇이 이렇게 허전할까'를 조용히 묻는 것. 그 질문에 답을 찾는 과정에서 우리는 나 자신에게 가장 필요한 말을 건네게 된다. "오늘도 잘 버텼어." "지금 이대로도 괜찮아." 이런 말은 세상의 누구도 대신 해줄 수 없는, 나만이 나에게 해줄 수 있는 고요한 다짐이다. 우리가 할 수 있는 일은 그 감정을 부정하거나 이겨내려 애쓰기보다는, 조용히 인정하고 받아들이는 것이다.

때로는 외로움과 나란히 앉아 하루를 마감하고, 다시 일어나는 것도 용기다. 결국 진짜 위로는 화려한 말이 아니라, 외면하지 않는 태도에서 시작된다. 내가 나를 위로하는 시간은 스스로를 향한 가장 조용하고도 깊은 애정이다. 아무도 해줄 수 없는 그 말을, 내가 나에게 들려줄 수 있다는 것. 그 사실 하나만으로도 우리는 계속해서 살아갈 힘을 얻는다.

"나를 다독이는 법"

- 말없이 울 수 있는 밤 만들기 : 조용한 공간에서 감정을 풀어놓는 시간 확보.
- 내 안의 목소리에 귀 기울이기 : "오늘도 고생했어." 같은 다정한 말 건네기.
- 누군가 되기보다 나로 있기 : 강한 사람보다 정직한 내가 되는 걸 선택하기.
- 감정에 솔직한 태도 유지하기 : 외로움과 무기력함을 애써 감추지 않기.

고요한 자기 위로의 시작

우리는 누구나 혼자가 되는 시간을 피할 수 없다. 인생의 어떤 지점에서든, 깊고 어두운 골짜기를 홀로 지나야 한다. 그 골짜기에서 마주하는 고요함은 차가운 칼날과도 같아, 마음을 베이고 상처 입는다. 이 고요한 고독 앞에서 자칫하면 무력하게 무너지게 된다. 하지만 그 깊은 어둠 속에서도 아주 희미한 빛이 존재한다. 그 빛은 외부에서 오는 것이 아니라, 나 자신의 내면에서 피어나는 작은 불꽃에서 온다. 바로 '자기 위로'라는 고요한 불꽃이다. 그것은 다른 누구도 대신할 수 없는, 나만의 고유한 사명이자 책임이다. 내가 나를 돌보지 않으면, 그 누구도 진정한 나의 마음을 온전히 어루만질 수 없다.

자기 위로는 외롭고 조용한, 때로는 버거운 작업이다. 외부로부터의 위로는 종종 우리를 더 깊은 상실과 허무로 밀어 넣는다. 누군가의 위로가 닿지 않는 순간, 우리는 다시 홀로 남겨진 기분에 빠지곤 한다. 그래서 타인의 위로에만 기대면, 마음은 계속해서 흔들리고 불안해진다. 진짜 위로는 결국 외부의 손길이 아니라, 내 안에서 조용히 솟아나는 고요한 목소리 속에 있다.

삶의 가장 큰 위기는 혼자라는 사실에서 오는 것이 아니라, 나 자신조차 나를 위로할 수 없다고 믿을 때 찾아온다. 외부의 소음이 멈추고 세상이 나를 알아주지 않을 때, 나마저 나를 외면하면 삶은 순식간에 방향을 잃어버린다. 하지만 그 순간, 아주 작게라도 스스로에게 다정한 말을 건넬 수 있다면, 우리는 다시 삶을 향한 발걸음을 내디딜 수 있다.

철학자 보에티우스는 『철학의 위안』을 통해 운명은 위기를 통해 인간을 단련한다고 주장했다. 고독과 외로움, 상처와 아픔은 우리를 파괴하기 위한 것이 아니다. 오히려 그 시간들은 깊은 성찰과 성장을 위한 기회를 제공한다. 우리가 겪는 고통은 의미 없는 벌이 아니라, 나 자신과 진실로 마주하고 대화할 수 있는 드문 순간이다.

고요한 밤에 홀로 앉아, 내 마음의 가장 깊은 곳에서 울려 나오는 목소리에 귀 기울일 때, 우리는 비로소 자기 위로의 힘을 깨닫는다. 자기 위로란 무너지지 않으려는 필사적인 방어가 아니라, 무너져버린 나를 다시 일으켜 세우는 용기 있는 행동이다. 자기 위로를 할 줄 아는 사람은 삶의 모든 파도를 견딜 수 있는 가장 강력한 힘을 갖게 된다. 타인의 말에 쉽게 흔들리지 않으며, 외부의 평가와 무관하게 자신만의 기준으로 스스로를 바라볼 수 있다. 이는 내면의 평화와 진정한 자기 존중의 시작이다.

우리가 진정으로 두려워하는 것은 외로움이 아니라, 나 자신조차 나를 위로할 수 없는 그 깊은 무력함이다. 그래서 우리는 자신과 진정으로 마주하는 것을 끊임없이 피하려 한다. 하지만 피한다고 해서 그 고통이 사라지진 않는다. 결국 우리는 그 고통을 마주할 때, 스스로를 안아줄 수 있는 사람이 된다.

고요한 자기 위로의 시간은 삶의 가장 아름답고 숭고한 순간이기도 하다. 타인의 말이 아니라, 내 스스로의 진심 어린 위로가 나를 다시 세상으로 나아가게 하는 힘이 된다. 말없이 눈물을 흘리는 시간에도, 내가 나에게 건네는 작은 한 마디는 그 어떤 화려한 격려보다 더 깊고 오래간다.

삶이 나를 어디로 데려가든, 결국 나를 끝까지 지킬 수 있는 사람은 나뿐이다. 가장 깊고 고요한 순간, 나에게 건네는 위로는 결국 삶 전체를 변화시킬 수 있는 강력한 주문과 같다.

스스로의 위로에 도움을 준 책들

『철학의 위안』 _ 보에티우스

국내 출간: 현대지성, 2018, 박문재 번역

고대 로마 제국의 정치가였던 저자가 감옥에서 처형당할 날을 기다리는 동안 쓴 책이다. 인생에 대한 깊은 통찰과 위안을 전한다. 이를 통해 인간의 진정한 행복은 우리의 이성을 따라 살아가는 데 있다고 말한다. 인간은 철학이라는 친구를 통해 스스로를 다독일 수 있다는 메시지로 해석할 수 있다.

『틱낫한 마음』 _ 틱낫한

국내 출간: 불광출판사, 2022, 윤서인 번역

내 안의 감정을 조용히 바라보는 연습, 나에게 다정한 말을 건네는 습관. 틱낫한은 존재 자체에 대한 연민과 인식을 통해 자기 위로가 가능하다고 말한다. 혼자 있는 시간에 진짜 자신을 마주하게 하는 수행적 철학.

○ 촛불 ●

나의 어둠을 위한 작은 등불,
타인을 위한 불빛이 아닌 내 마음의 빛

〈감정 온도 체크〉

우리는 매일 수많은 감정을 지나갑니다.

그러나 그 감정들을 다 알아차리고 기억하는 날은 드뭅니다.

어떤 날은 차갑고, 어떤 날은 뜨겁고, 또 어떤 날은 희미하게 미지근한 감정들.

그 수많은 감정이 우리를 조금씩 바꾸고 있음을, 우리는 자주 잊고 살아갑니다.

지금 이 순간, 당신의 감정은 몇 도쯤일까요?

그 온도를 잠시 들여다보는 것만으로도,

우리는 지금의 나를 조금 더 온전히 이해할 수 있습니다.

온도	감정 상태	감정 설명	체크
0℃	완전한 정지	아무 감정도 느껴지지 않는다. 멈춰버린 기계처럼 무감각하다.	☐
3℃	감정 마비	무언가 느끼고 싶지만 떠오르지 않는다. 단절된 느낌이다.	☐
6℃	무기력	몸은 움직이지만 마음이 따라오지 않는다. 억지로 버티고 있다.	☐
9℃	자책	실수나 후회가 떠오르며 스스로에게 실망한 상태다.	☐
12℃	외로움	누군가와 있어도 외롭고, 말이 통하지 않아 고립감을 느낀다.	☐
15℃	불안	별일 없어도 불안하다. 일이 터질까 조심하며 긴장 중이다.	☐
18℃	조심스러움	감정은 있지만 쉽게 표현하지 못한다. 상처받을까 두렵다.	☐
21℃	공허	특별히 나쁜 일은 없지만 마음이 공허하고 허전하다.	☐
24℃	무난	특별한 감정은 없다. 일상적이고 무해한 하루를 지나고 있다.	☐
27℃	편안함	차분하고 무리 없는 하루다. 혼자 있어도 마음이 안정적이다.	☐
30℃	다정함	누군가의 말이나 행동에 미소가 지어지는 따뜻한 감정이다.	☐
33℃	감사	내 하루에 작은 기쁨이 들어왔고, 그에 대해 고마움을 느낀다.	☐
36℃	의욕	다시 무엇인가를 해보고 싶다. 계획을 세우고 싶은 기분이다.	☐
39℃	설렘	누군가 혹은 무언가가 기대된다. 작은 떨림이 감지된다.	☐
42℃	열정	지금 당장 행동하고 싶다. 삶이 뚜렷하게 뜨거워진다.	☐

지금 당신의 감정이 몇 도에 머물러 있든,

그 온도는 '틀린 온도'가 아닙니다.

그저 지금 당신이 살아가는 감정의 온도일 뿐입니다.

다음 표에 각 온도별로 도움 될 만한 문장을 정리했습니다.

온도	감정 상태	회복을 위한 문장	연결 페이지
0℃	완전한 정지	"무너지지 않으려 애쓰지 않아도 괜찮아요."	62쪽
3℃	감정 마비	"감정은 사라진 게 아니라, 숨어 있을 뿐이에요."	150쪽
6℃	무기력	"지금은 잠시 걸음을 늦추어도 괜찮아요."	129쪽
9℃	자책	"실패는 멈춤이지, 끝이 아니에요."	161쪽
12℃	외로움	"혼자서 버틴 날들이 지금의 나를 만들었어요."	244쪽
15℃	불안	"나 아닌 모든 사람이 멀리 앞서가는 것 같을 때도 있어요."	105쪽
18℃	조심스러움	"감정을 억누르지 말고, 천천히 들여다보세요."	56쪽
21℃	공허	"그저 존재하는 것만으로도 괜찮은 하루가 있어요."	18쪽
24℃	무난	"아무 일도 일어나지 않는 날이야말로 가장 귀한 시간이죠."	16쪽
27℃	편안함	"나는 아직 완성되지 않은 사람이에요. 그 자체로 괜찮아요."	82쪽
30℃	다정함	"누구보다 나 자신을 먼저 안아주세요."	172쪽
33℃	감사	"내가 가진 것을 버리지 않고 함께 살아내기로 했어요."	167쪽
36℃	의욕	"감정을 살아내는 것이 삶을 살아내는 일이에요."	235쪽
39℃	설렘	"마음이 흘러야 삶도 흘러갑니다."	214쪽
42℃	열정	"오늘을 견디는 우리가 내일을 만들어갑니다."	253쪽

※ 감정 기록

1. 감정 이름: _____

2. 온도 (0℃ ~ 40℃): _____

3. 그 감정을 느낀 오늘의 장면은?: _____
_____
_____
_____
_____
_____
_____
_____
_____
_____
_____

4장

다시,
마음이 흐르는 쪽으로

삶은 종종 우리가 예상하지 못한 방향에서 우리를 기다린다. 어느 날 문득 뒤를 돌아보면, 그저 무작정 앞으로만 달려온 시간들이 낯설게 느껴질 때가 있다. 분명 내가 원해서 걷기 시작한 길인데, 어느 순간부터 타인의 기준과 세상의 속도에 휩쓸려 자신을 놓친 채 달리고만 있었음을 깨닫는다.

가끔 우리는 삶의 모든 답이 어딘가 멀리 있는 것처럼, 아직 닿지 않은 미래에 있다고 믿으며 지금을 미루고 살아간다. 그렇게 미루어둔 채 살아온 순간들이 어느새 우리의 일상이 되고, 익숙한 피로와 함께 자신을 잊은 채 살아간다. 마음속 깊이 무엇인가를 원하고 있음에도 그 목소리를 외면한 채 살아가는 날들이 쌓여간다. 그러나 감정은 언제나 가장 깊은 곳에서 흐르고 있다. 그 흐름은 결코 멈춘 적이 없으며, 우리가 잊고 있는 순간에도 조용히 우리를 기다리고 있다. 다만 우리가 그것을 다시 찾을 준비가 되었을 때, 비로소 그 흐름은 다시 우리 앞에 드러난다. 이제는 미뤄둔 감정을 다시 살아낼 차례다. 삶을 억지로 붙잡거나 억누르기보다는 그저 감정이 흘러가는 방향을 따라 걸음을 내디디면 된다. 우리가 다시 감정을 살아갈 때 삶은 의미 없는 반복이 아니라 매 순간이 새로워지는 여행으로 바뀌게 될 것이다.

이 장에는 잃어버렸던 감정의 흐름을 되찾은 이야기를 하려 한다. 그것은 커다란 계획이나 목표가 아니라, 작은 선택과 사소한 순간부터였다. 잊고 있던 음악이 다시 귓가에 머물고, 미뤄두었던 작은 꿈들이 다시 손에 잡히는 순간들 말이다.

감정이 흘러야 삶도 흘러간다

"감정이 멈춘 날, 인생도 멈춘다."

겉보기에 우리는 여전히 분주하게 움직인다. 매일 일터에 나가고, 사람들과 만나 웃고 떠들며 때로는 심각한 표정을 짓기도 한다. 각자 자신의 일상을 관리하며 하루하루를 지낸다. 그렇지만 우리의 감정은 대부분 멈춰 있다.

언젠가부터 문득 삶이 정체된 것 같은 느낌이 들었다. 일이 없지도, 성과가 없지도 않은데, 오히려 모든 일이 끊임없이 돌고 있었고, 주변 사람들은 늘 나를 "바쁘고 잘나가는 사람"이라 말했지만, 내 안에는 알 수 없는 멈춤이 감지됐다. 웃으며 강연을 마치고 나면 혼자 남은 대기실에 앉아 묘한 공허감을 마주했다. 뿌듯함도, 허탈함도 아닌 그 어중간한 감정을 설명하기 어려웠다.

그것은 혼자 있을 때 더욱 또렷하게 느껴졌다. 나는 멈춰 있었다. 겉으로만 살아가고 있는 듯할 뿐. 감정을 꾹꾹 눌러 담아둔 시간들이 쌓이면서, 나는 감정에 조금씩 무뎌져 갔다. 기뻐도 덤덤했고, 슬퍼도 조용했다. 무엇을 느끼는 순간에도 "지금은 이럴 때가 아니지"라며 스스로를 밀어냈다. 감정을 억누르다 보니, 어느 순간 내가 무엇을 느끼는지조차 알 수 없었다.

그런 나에게 다시 감정이 흐른다는 것이 느껴진 순간은 너무도 평범한 어느 날이었다. 아내와 딸이 잠든 밤, 조용한 거실에 앉아 오래전 읽었던 책을 다시 펼쳤다. 그런데 그날따라 책 속 문장이 이상할 정도로 마음에 자주 걸렸다. 몇 줄 읽지 않았는데도 울컥하는 감정이 차올랐다. 괜찮다고 넘겼던 감정들이 한꺼번에 밀려들었다. 책 속 문장이 내 감정을 흔들자, 감춰뒀던 감정들이 흘러나오기 시작한 것이다.

그날 이후 나는 늦은 밤 책을 펼치는 것을 즐기게 되었다. 오직 밤에만 느낄 수 있는, 말로는 설명할 수 없는 그 감각이 좋다. 그럴 때면 책을 더 깊게 읽을 수 있었다. 늦은 밤의 독서는 책을 읽는 행위를 넘어 감정을 느끼는 행위가 되었다. 매일 쌓이는 일들을 처리하느라 미뤄두었던 내 마음을 문장 하나, 구절 하나가 회복시킨다.

감정이 흘러야 삶이 움직인다. 고여 있는 감정은 마음을 무겁게 만들고, 마음이 무거워지면 삶은 견디게만 되지, 살아가게 되지는 않는다. 나도 몰랐던 감정을 꺼내게 해준 아주 작은 자극, 아주 짧은 문장, 그것을 품은 것은 책이었다.

지금도 내 삶은 빠르게 돌아가고 있다. 여전히 직장에서는 여러 가지 역할을 수행하고, 강연장에서는 열정적으로 목소리를 높이며, 유튜브 화면에서는 늘 환하게 웃는다. 하지만 이제는 안다. 그 모든 모습 사이사이에 진짜 내 감정을 마주하는 시간이 필요하다는 것을.

그나마 내가 책을 좋아하고 글쓰기를 좋아한다는 것이 다행이다. 삶이 막힌 것 같을 땐, 슬픔을 꺼내고, 기쁨을 꺼내고, 고요하게 마음의 물살을 따라간다. 그러다 보면 언젠가는 감정이 다시 흐르기 시작한다. 어쩌면 지금 당신이 느끼고 있는 막힘도, 당신의 감정이 멈춰 있기 때문인 건 아닐까? 감정이 흘러야 삶도 흘러간다.

비로소 삶이 흘러갈 때

삶이 막힌 듯 느껴질 때, 우리는 가장 먼저 바깥의 문제를 점검한다. 일상이 지루해서, 일이 많아서, 인간관계가 피로해서…. 하지만 그보다 먼저 살펴야 할 것이 감정의 흐름이다. 감정이 고여 있으면 삶은 흐르지 않는다. 아무리 바쁘게 움직여도, 감정이 머물러 있다면 마음이 무겁다. 무거워진 마음은 삶을 붙잡는다. 그렇게 어느 순간부터 웃음이 줄고, 말수가 줄며, 표현이 줄어든다. 그렇게 우리의 삶은 조용히 멈춰 선다.

감정을 흘려보내는 데 거창한 계기가 필요한 것은 아니다. 일상을 살아가는 중에 문득 스며드는 어떤 문장이나 익숙한 음악, 낡은 사진 한 장이 굳게 잠겨 있던 감정을 건드리기도 한다. 중요한 것은 감정이 올라왔을 때 외면하지 않는 것이다. 적당히 '괜찮다' 넘기지 말고, 두렵다고 밀어내지도 말고, 그 감정 앞에 잠시 멈춰 서면 살아 있음을 느낄 것이다.

무거운 감정을 꺼내기란 쉽지 않다. 하지만 그 무게를 짊어지는 것을 회피한다면 진짜 삶의 방향을 잡지 못한다. 감정을 인정하고 흘려보내는 과정을 통해, 회복을 시작하고 자신을 이해할 수 있다. 이제 자신에게 물어보자.

'지금 나는 어떤 감정 속에 있는가?'
'그 감정은 나를 어디로 데려가는가?'

"감정을 흐르게 하는 습관들"

- 매일 밤, 감정을 정리하는 시간 만들기 : 하루 끝에 감정 일기 한 줄 쓰기.
- 감정이 흔들리는 순간을 외면하지 않기 : 울컥하는 감정이 올라오면 그대로 느끼기.
- 나만의 감정 통로 찾기 : 책, 음악, 산책처럼 감정을 꺼낼 수단 만들기.
- 일상 속에서 감정의 실마리 발견하기 : 작은 문장이나 장면에 반응하는 나를 발견하기.

존재의 가장 깊은 곳

　　방 안에 홀로 앉아 있는 순간, 문득 감정이 찾아왔다. 바쁘게 움직일 때는 보이지 않던 마음의 풍경이 고요한 시간 속에서 분명히 드러났다. 사람들은 감정을 바쁜 일상 속에서 정리해버려야 할 대상으로 여긴다. 하지만 감정이란 정리한다고 되는 것이 아니다. 있는 그대로 흘려보내야 하는데, 흐르기 위해서는 모습을 드러내야 한다. 자신으로부터 이해받아야 한다. 슬프다고, 힘들다고, 기쁘다고, 흥분된다고 자신의 감정이 그렇다고 인정하면 자연스레 그 감정은 흘러가고 또 다른 감정을 만나게 된다. 머무르면 썩는다.

　인정하고 싶지 않다고 감정이 거짓이 되는 건 아니다. 감정은 강물과 같아서 흘러야만 비로소 생명을 얻는다. 기쁨은 표현하지 않아도 저절로 주변으로 퍼져나가고, 슬픔은 억지로 삼킨다 해도 우리의 마음속에 흔적을 남긴다. 감정을 느끼지 못하는 사람은 없다. 다만, 그것을 밖으로 꺼내지 않는 사람이 있을 뿐이다. 현대 사회는 우리에게 감정을 통제할 것을 강요한다. 직장에서, 가정에서, 심지어 가까운 친구와의 관계에서도 항상 성숙한 모습, 프로페셔널한 태도를 유지해야 한다고 압박한다. 그러나 억눌린 감정은 절대 사라지지 않고 내면 깊은 곳에 쌓여간다. 존재의 가장 깊은 곳, 바로 그곳에 내 감정이 있다.

감정이 흐르는 사람은 존재의 가장 깊은 곳에 늘 신선한 감정을 보관했다가 언제든 꺼내 흘려보낸다. 감정과 나 사이의 주도권을 내가 가진 것이다. 하지만 감정이 흐르지 않는 사람은 언제 튀어나올지 모르는 감정들로 존재의 가장 깊은 곳을 가득 채워둔다. 그곳이 가득 찼다는 것도 느끼지 못한 채 살다가 갑자기 밀려드는 감정에 휘둘린다. 주도권을 감정이 쥐고 있는 것이다. 내 삶인데, 내 감정인데, 내 마음대로 할 수도 없다니, 너무 불합리하지 않은가.

빅토르 위고는 『레 미제라블』에서 말한다. "가장 어두운 밤도 끝나고, 해는 떠오른다." 이 문장은 단순히 희망을 말하는 것이 아니라, 감정의 본질에 대한 깊은 통찰이다. 어둡고 깊은 슬픔이라는 감정도 영원하지 않다는 것, 슬픔의 밤이 지나면 다시 새로운 감정이 찾아온다는 것이다. 흐르는 감정은 어떤 형태로든 우리를 인도한다. 그러니 슬픔이 찾아왔을 때 슬픔을 받아들이고, 기쁨이 찾아왔을 때 기쁨을 받아들여 흘려보내야 한다.

존재의 가장 깊은 곳에서 흘러나오는 감정을 인정하고 받아들이는 순간, 우리는 더 강해진다. 자신의 연약함을 마주할 수 있는 사람이 진정으로 강한 사람이다.

감정의 흐름을 따라 삶을 되찾게 해준 책들

『감정은 어떻게 만들어지는가』 _ 리사 펠드먼 배럿

국내 출간: 생각연구소, 2017, 최호영 번역

감정은 고정된 반응이 아니라 뇌가 만들어내는 복합적인 의미 구성이라는 실험적 통찰. 감정을 억제하거나 무시하기보다는, 그 흐름을 인지하고 이해할 때 비로소 삶이 움직인다는 인지신경과학의 메시지를 전한다.

『나는 내가 죽었다고 생각했습니다』 _ 질 볼트 테일러

국내 출간: 월북, 2019, 장호연 번역

뇌졸중으로 좌뇌 기능을 잃고, 감정과 감각의 흐름에만 기대어 살아남은 신경과학자의 회고록. 이성 대신 감성으로 세계를 인식하는 순간, 삶은 오히려 또렷해졌다고 말한다.

유리컵

물 흐르듯 감정을 따라가고 싶던 날,
투명한 그 안에서 감정도, 하루도, 나도 잠시 고요히 머물다 흘러갔다.

나를 안아준 사람, 처음부터 지금까지

"삶을 지탱하는 건 결국 누군가의 온기였다."

스무 살 봄, 대학 첫 수업 시간. "인천 사는 사람?"이라는 교수님의 질문에 그녀와 나는 동시에 손을 들었다. 그렇게 처음 서로의 존재를 알았다. 그녀는 조용했고 차분했고 느긋했다. 반면 나는 활발했고 성급했고 모든 일에 앞서고 싶어했다. 우리는 완전히 달랐다.

그즈음 나는 이미 다른 사람을 마음에 두고 있었다. 외모가 특히 눈에 띄는 사람. 결국 그녀와 연인이 되었다. 나는 늘 앞서 있었고, 사랑도 빠르게 쟁취했다고 믿었다. 좋아하는 감정이 생기면 돌진했고, 그것이 사랑이 되면 모든 것을 쏟아부었다. 그런 내 성격대로 나는 빠르게 사랑하고, 빠르게 이별당했다. 이별의 상처라고 말하기도 우스울 만큼 짧은 시간. 사람의 마음에 함부로 뛰어들면 안 되는 것이었다.

그렇게 홀로 맞이한 여름 방학, 첫 수업 때 함께 손 들었던 그녀에게서 연락이 왔다. "같이 도서관 갈래요?" 그날 이후 우리는 많은 시간을 함께했다. 이번에는 함부로 뛰어들지 않았다. 함께 점심을 먹고, 학교 주변을 산책하며 계절이 바뀌는 걸 지켜보았고, 때때로 아무 말 없이 책만 들여다보는 시간도 즐겼다. 성급했던 내가 천천히 변하기 시작했다. 그녀를 통해 감정은 쏟아내는 것도, 억누르는 것도 아닌 매일 조금씩 감당하는 것임을 배우며 서로에게 스며들었다.

그렇게 25년이라는 시간이 지났다. 그 사이 내가 직장을 그만두고 전혀 다른 길로 방향을 틀었을 때도, 삶을 끝낸다며 도망쳤다가 돌아왔을 때도, 인생의 경로를 완전히 다시 설계했을 때도… 그녀는 나를 의심하지 않았다. 반문도, 충고도 없이 그냥 내 곁을 지켰다. 얼마 전 번아웃으로 자리에 누워 일어나지 않는 나를 보면서도 재촉하지 않았다. 그 어떤 격려보다 더 큰 응원을 라면 한 그릇에 담아 조용히 가져다주었을 뿐이다.

그녀는 늘 그랬다. 말보다 행동으로, 소리보다 온기로 나를 안아주었다. 사랑이란 거창한 고백이나 이벤트보다 일상의 사소함 속에서 더 깊어져간다는 것을 그녀를 통해 배웠다. 젊은 시절 세상 앞에 늘 당당해야 한다고 외치던 내가 요즘은 조심스러워졌다. "이렇게 해도 괜찮을까?" 그건 약해진 게 아니라 성장한 것이다. 감정을 살아낸다는 건, 내 안에 일어나는 마음들을 조급하게 몰아붙이는 것이 아니라 그대로 느끼고 받아들이는 연습이라는 걸 그녀를 통해 배웠다. 우리의 감정은 여전히 현재진행형이다. 말보다 시간이, 증명보다 동행이, 그녀를 향한 내 마음을 더 깊이 말해줄 것이라 믿는 지금, 여전히 그녀에게 스며들어 가며 이 말을 하고 싶다.

"처음부터 지금까지 나를 안아준 너, 이제는 내가 안아줄게."

우리는 종종 사랑이란 크고 특별한 일이라고 생각한다. 하지만 진짜 사랑은 매일의 작은 행동에서 나타난다. 말없이 곁을 지켜주는 일, 힘든 날 작은 위로를 건네는 일, 서로의 부족한 부분을 이해하고 기다려주는 일, 그런 평범함이 모여 사랑과 신뢰가 되는 것이다. 감정을 살아낸다는 것은 내 안의 감정들을 무조건 밀어붙이는 것이 아니라, 있는 그대로 마음을 인정하고 받아들이는 과정이다.

지금 당신 곁을 둘러보자. 혹시라도 지금의 감정에 사로잡혀 나를 지지해주는 고마운 사람의 감정까지 외면하고 있는 건 아닌지 꼭 점검해보길 바란다. 찾아보면 분명 그런 사람이 있을 것이다. 그 온기로 지금 당신이 살고 있으니까.

"난 비록 죽으면 쉽게 잊힐 평범한 사람일지라도, 영혼을 바쳐 평생 한 여자를 사랑했으니 내 인생은 성공한 인생입니다."

– 영화 〈노트북〉 중에서

관계는 감정을 통해 자란다

감정을 누군가와 나눌 수도 있다. 하지만 나눌 상대를 찾는 것이 매우 어렵다. 그렇기에 지금껏 혼자만의 시간을 강조한 것이다. 혼자 하면 상대를 찾는 수고가 필요치 않기 때문이다. 게다가 우리는 늘 애먼 사람을 붙들고 감정 좀 알아달라고 떼를 부리다가 실망과 돌아섬을 반복하고 있다.

그럼에도 진심을 나눌 상대를 찾았다면, 혼자보다 그것이 더 좋다. 주변에 누가 있는지 둘러보자. 진심으로 나를 걱정해주는 사람, 아무 말 없이 옆에 있어 주는 사람, 설명하지 않아도 마음을 알아주는 사람. 그런 사람이라면 조심스럽게 감정을 꺼내도 좋다. 그 사람이라면 분명 우리가 원하는 모습을 보여줄 것이다. 그리고 그 관계 속에서 서로 더 깊게 스며들 것이다. 감정을 표현하는 용기와 상대의 감정을 받아들이는 신뢰는 반복을 통해 마음에 뿌리를 내린다.

관계의 지속은 감정을 나눌 수 있느냐 없느냐로 나뉜다. 감정을 나누지 않는 관계는 마음이 멀어진다. 반대로 감정을 나누면서 살아내는 관계는 완벽하지 않아도 단단하다. 갈등도 생기고, 오해도 있지만 서로의 감정을 함께 통과해내기에 '당신이 있어서 견딜 수 있었다'는 말을 할 수 있게 된다.

사랑하는 사람 앞에서조차 자신의 마음을 끝까지 감추는 사람은 결코 감정을 살아내는 관계를 경험할 수 없다. 마음을 내어주는 일이 두려운 건, 내 감정이 거절당할지도 모른다는 불안 때문이다. 하지만 감정을 드러낸다고 해서 반드시 상처받는 것도, 감정을 숨긴다고 해서 보호받는 것도 아니다. 그것은 감정을 내보여봐야만 알 수 있다.

내 곁에 있는 사람이 내 감정을 정확히 이해해주는 사람이 아니더라도 서운하게 생각하지 말자. 중요한 건 '이 사람이라면 내 감정을 이해하려고 애쓸 것'이라는 믿음이다. 그 믿음이 관계를 지탱하고, 그 위에 감정을 흘려보낼 수 있다. 혼자만의 시간에 내 감정을 돌보는 것 또한 나에 대한 믿음이 필요하듯, 타인과의 감정 교류에도 믿음이 필요하다.

삶이 힘겨운 어느 날, 누군가의 말 한 마디, 어깨를 토닥이는 손길, 따뜻한 눈빛 하나가 오래 기억에 남는 이유는 그 안에 감정이 담겨 있기 때문이다. 감정이 전해지는 관계는 말보다 깊다. 마음을 나누는 일은 감정을 교환하는 것이고, 이는 결국 서로를 더 깊이 알아간다는 뜻이다.

사랑은 그 자체로 감정이다. 그렇기에 감정 없이 존재할 수 없다. 감정을 표현하고, 감정을 존중하며, 감정을 함께 살아낼 때 비로소 우리는 누군가를 사랑했다고 말할 수 있다. 지금 곁에 있는 사람에게 마음을 꺼내보자. 멀어진 마음도 다시 이어주는 감정으로 만든 다리가 놓일 것이다.

"지친 아침을 견디는 방법"

- 감정에 말보다 시간을 쓰기 : 함께 있는 시간이 마음을 더 깊이 연결함.
- 침묵도 대화라는 걸 잊지 않기 : 말없이도 감정을 나눌 수 있다는 믿음.
- 감정을 숨기지 않는 연습 : 불편해도 진심을 말하는 용기부터.
- 서로의 감정을 존중하는 태도 : 이해보다 애쓰려는 마음이 관계를 지탱함.

감정을 이해받는 순간, 사랑하게 된다

　우리는 사랑을 오래도록 기억한다. 어린 시절, 넘어져 울던 내게 달려와 다친 무릎보다 마음을 먼저 걱정하던 어머니의 손길. 세상이 끝난 것 같은 첫사랑의 끝, 하늘이 무너졌다며 좌절하는 친구의 어깨를 두드리며 함께 울었던 침묵. 그때 그것이 사랑인지 몰랐더라도 우리는 누군가 내 감정을 이해하고 받아주는 것으로 인해 따뜻함과 안전함을 느꼈다. 사람 간의 감정은 그렇게 말이 아니라 존재로 전달된다. 누군가의 마음을 온전히 받아들이는 순간, 우리는 비로소 사랑을 나눌 수 있는 사람이 된다.
　인간은 홀로 살아갈 수 없다. 수많은 철학자와 문학가들이 외로움과 고독에 대해 이야기했지만, 결국 관계를 통해 존재를 증명했다. 우리는 살면서 다양한 관계를 맺지만, '감정을 나눌 수 있는 관계'를 맺는 것이 쉽지 않다. 그렇기에 많은 사람들이 자신의 감정을 숨기는 데 더 익숙하다. 약해 보이지 않으려고, 부담 주지 않으려고, 혹은 단지 익숙하지 않다는 이유로 우리는 감정을 숨긴다. 하지만 사랑의 순간은 다르다. 사랑하는 사람 앞에서는 감정을 드러내기를 두려워하지 않는다. 내 감정이 온전히 이해받고 있음을 확신하기에 용기를 낼 수 있는 것이다. 그 사람 앞에서라면 내가 가진 기쁨, 슬픔, 외로움, 두려움 그 무엇도 부끄럽지 않다. 우리는 사랑이라는 감정을 통해 살아 움직이는 자신을 목격한다.

내 인생에서 가장 힘들었던 어느 날 밤, 아무 말 없이 내 손을 잡아주던 사람이 있었다. 그 순간 나는 아무 말도 하지 않았지만, 온몸으로 전해지는 따뜻한 체온 덕분에 내가 혼자가 아니라는 걸 느꼈다. 세상에서 가장 따뜻한 위로는 말이 아니라 그 사람의 존재였다. 그렇게 내 곁에 조용히 있어 주는 사람에게, 우리는 조건 없는 신뢰와 사랑을 배운다. 감정을 공유한다는 건, 단지 서로의 이야기를 듣는 것이 아니라, 함께 존재한다는 사실을 확인하는 것이다. 함께 울고 함께 웃으며, 같은 감정의 파도를 타고 감정을 살아낸다.

철학자 에리히 프롬은 『사랑의 기술』을 통해 사랑은 적극적 관심이며, 상대의 삶과 성장을 위해 헌신적으로 노력하는 것이라는 메시지를 전한다. 프롬의 말처럼 사랑은 완벽히 일치하는 감정이 아니라, 서로의 감정을 이해하고 받아들이기 위한 지속적이고 진실된 노력이다. 감정을 표현하지 못해도, 잘못된 말로 서로에게 상처를 주었어도, 포기하지 않고 서로의 마음을 헤아리려는 노력 속에서 관계는 더 깊어지고 단단해진다.

한 사람의 삶에 가장 깊게 스며드는 순간, 그 사람의 감정을 이해하게 된다. 내 기쁨을 함께 축하해주고, 내 슬픔을 함께 나눠주는 사람 앞에서 우리는 살아갈 이유를 찾는다. 감정을 받아주는 존재는 우리 삶을 견고하게 지탱해준다. 그 앞에서 우리는 더 솔직해지고, 더 용감해지며, 있는 그대로의 나를 보여주게 된다. 감정을 이해받는다는 건, 존재를 이해받는 것과 같다.

『어린 왕자』의 작가 생텍쥐페리는 『인간의 대지』라는 작품을 통해 "사랑한다는 것은 서로를 바라보는 것이 아니라 함께 같은 방향을 바라보는 것이다."라는 말을 전했다. 그렇다. 사랑은 같은 길 위에서 같은 마음으로 걷는 일이다. 누군가 내 곁에 함께 서서 같은 방향을 바라보며, 같은 감정을 품고 있다면 우리는 더 이상 외롭지 않다. 감정을 이해받는 순간, 우리는 비로소 감정을 자유롭게 살아내게 된다.

감정을 함께 살아내는 사랑을 배우게 해준 책들

『사랑의 기술』 _ 에리히 프롬

국내 출간: 문예출판사, 2019, 황문수 번역

사랑은 단순한 감정이 아니라 하나의 '능력'이라는 관점으로, 사랑을 배워야 하는 일로 설명한다. 감정을 있는 그대로 껴안고, 타인과의 관계에서 자기를 지켜내며 살아가는 법을 전한다.

『우리는 사랑일까』 _ 알랭 드 보통

국내 출간: 은행나무, 2005, 공경희 번역

연애와 결혼의 현실, 그 안에서 감정이 어떻게 자라고 흔들리는지를 철학적으로 풀어낸다. 사랑은 완벽함이 아닌 반복되는 선택이라는 메시지는 오랜 관계를 돌아보게 만든다.

○ 오래된 우산 ●

구멍이 난 부분도, 닳아버린 손잡이도
그 속에 담긴 무수한 기억들을 감추고 있다.

감정은 사라지지 않고 삶이 된다

"우리는 감정의 흔적을 따라 인생의 지도를 그린다."

우리는 살아가면서 많은 감정을 만난다. 때로는 기쁨으로, 때로는 슬픔과 분노, 억울함과 같은 복잡한 형태로 우리 삶을 스쳐간다. 그렇게 스쳐간 감정들은 시간이 지나면서 자연스럽게 사라진 듯 보인다. 바쁜 일상 속에서 그 감정들을 잊고 사는 법을 배우고, 일과 사람들 사이에서 웃으며 감정을 묻어두곤 한다. 하지만 우리는 때때로 그런 감정들이 결코 사라지지 않았음을 깨닫는다. 나 역시 오랜 시간이 지나 잊었다고 생각했던 감정들을 뜻밖의 순간에 마주친다.

어느 늦은 밤, 집으로 돌아오는 차 안에서 익숙한 영화 음악이 흘러나왔다. 그러자 문득 오래된 기억이 소환되었다. 조용한 오후, 텅 빈 회의실에 홀로 앉아 억울하고 답답해하던 내 모습. 그때 나는 해명할 기회조차 없이 지나간 억울한 상황 속에서 침묵을 택했다. 분명 잊었다고 생각했는데, 불쑥 튀어나와 내 머릿속을 점령해버리는 감정. 음악이, 향기가, 분위기가, 그리고 다른 어떠한 것이 그 감정들을 수시로 데려온다. 대부분 비슷한 경험을 가지고 있다. 알 수 없는 기분에 휩싸여 당황해본 경험, 당장 풀지 못한 억울함과 이해받지 못했던 감정이 느닷없이 튀어나오는 경험.

감정은 시간을 따라 함께 흐르지 않는다. 내가 흘려보내야만 흘러간다. 우리는 삶이 바쁘다는 핑계로 그 감정들을 계속 외면했다. 흘려보내려면 그것을 마주하고 인정하는 시간을 가져야 한다. 25년 넘는 긴 직장생활 동안 나는 많은 감정을 억누르고 살았다. 직장에서 성숙한 사람, 이성적이고 침착한 사람으로 보이기 위해 분노와 억울함, 슬픔 같은 감정들을 묻어두었다. 사람들과의 관계에서 갈등을 피하기 위해 참았고, 내 의견을 명확히 전달하기보다 미소로 포장하기 일쑤였다.

그렇게 살아오는 동안 내가 느낀 감정들이 진짜인지 가짜인지도 구분하지 못한다. 그러다 갑자기 다시 감정이 떠오르면 온몸이 움츠러든다. 하지만 내가 감정을 살아내겠다고 결심한 후로는 움츠러들지 않는다. 차라리 잘 만났다 생각하며 그것을 흘려보내기 위해 차분한 시간을 갖는다.

감정은 왜 사라지지 않을까? 왜 시간을 따라 흘러가지 않을까? 그건 감정이 바로 나 자신이기 때문이다. 내가 그렇게 연약한 존재였단 말인가. 그냥 아무 이유 없이 시간만 지나면 흘러가 버리는 존재란 말인가. 그렇다. 감정은 나의 다른 이름이다. 그렇기에 관리하거나 숨겨야 할 대상으로 미뤄둘 수 없는 것이다.

감정을 살아내는 것으로 우리는 성장하고 성숙해진다. 그 과정 속에 인생의 진정한 의미가 담겨 있는 것이다. 지금은 마치 거울을 볼 때처럼 감정을 자연스럽게 바라본다. 억누르거나 외면하는 대신 그 감정의 의미를 되새기며 감정과 대화한다. 우리가 살아가는 동안 느끼는 모든 감정이 결국 삶의 일부라는 것을 알고부터 그렇게 살고 있다.

우리 모두는 그런 감정을 갖고 있다. 만나보자, 살아내자. 아직 그것이 어색하고 힘들기에, 그것을 살아가는 것이라 부르지 않고 살아내는 것이라 부른다.

감정은 기록되지 않아도 기억된다

감정을 억누르고 무시한 채 살아온 시간이 길었다. 더 강해지고 싶어서, 흔들리지 않기 위해 감정을 접었다. 하지만 감정은 억누른다고 사라지지 않는다. 삶의 틈 사이로, 아무렇지 않게 떠오르며 우리를 흔든다. 감정은 기록하지 않아도 기억된다. 우리는 종종 감정이 기억과 함께 휘발된다고 착각한다. 사건이 오래되어 흐릿해지면, 감정도 그럴 것이라 생각한다. 그러나 감정은 기억보다 오래간다. 왜곡된 기억 속에서도 억울함, 분노, 외로움 같은 감정은 여전히 생생하다. 문제는 그 감정을 무시하고 지나친다는 데 있다. 억울함을 묻고, 외로움을 덮고, 불편함을 참으며 우리는 감정을 쌓는다. 그리고 그 감정들이 흐르지 못하면 굳어져 마음 어딘가를 막는다. 내가 민감하게 반응하는 이유, 쉽게 상처받는 이유는 그 안에 남아 있는 감정의 잔재 때문이다. 그렇다면 우리는 이 감정들을 어떻게 살아내야 할까?

첫째, 감정을 자각한다. 지금 내 안에서 일어나는 감정이 무엇인지, 왜 그런 감정이 생기는지 느껴보는 것이다. 하루 중 가장 요동쳤던 순간 하나를 떠올리고, 그 장면에 깃든 감정을 다시 느껴보는 것만으로도 회복은 시작된다.

둘째, 감정을 잠시 머물게 한다. 억누르거나 쫓아내지 않고, 한 걸음 떨어져 바라보는 태도. 당장 무엇을 해야 한다는 강박이 아닌, 물가에 앉아 흐르는 강물을 지켜보듯 감정을 잠시 머물게 하는 것. 억지로 해석하지 않아도 좋다. 그것만으로도 감정은 흘러간다.

셋째, 감정을 언어로 풀어낸다. 글로 적거나, 혼잣말을 꺼내보거나, 신뢰하는 누군가에게 털어놓는 것. 말이 되지 못한 감정은 무의식에 남아 무력감이나 불안으로 변질된다. 감정은 언어라는 길로 흐른다.

감정은 우리 존재를, 그리고 삶의 무게를 증명하는 실체다. 억울하면 억울하다고 말하고, 슬프면 울어도 된다. 살아 있다는 가장 분명한 증거를 부끄러워하지 말자. 우리는 그 감정 위에 삶을 세우고, 문장을 만들고, 내일을 향해 걸어간다.

"감정을 삶으로 바꾸는 연습"

- 감정을 무시하지 않고 바라보기 : 기억보다 오래 남는 감정을 자각하는 것부터.
- 머무는 감정을 흘려보내기 : 억누르지 말고 잠시 머물며 조용히 바라보기.
- 감정을 언어로 풀어내기 : 말로 정리할 때 비로소 감정은 의미를 갖는다.
- 하루에 하나, 감정의 순간 기록하기 : 가장 크게 요동친 감정을 붙잡아 되새기기.

감정은 기억보다 오래 남는다

시간이 흐르면 모든 것이 희미해지고 사라지리라 믿었다. 아픈 기억도, 상처받은 마음도, 언젠가는 아무렇지 않게 잊힐 수 있다고 생각했다. 하지만 감정은 그렇게 단순히 사라지지 않는다. 감정이 사라지면 삶이 사라지고, 나도 사라진다. 잊히게 만들지 말자. 방치하고 외면하지 말자. 나라는 존재를 그렇게 팽개쳐서는 안 된다. 살아가면서 마주하는 수많은 감정은 우리의 기억이자 기록이다.

작가 엘리자베스 스트라우트의 소설 『올리브 키터리지』는 '감정을 표현하지 않아도 느끼고 있으며, 느끼는 것만으로도 충분한 순간들이 있다'는 핵심 정서를 담고 있다. 모든 감정이 반드시 말로 표현될 필요는 없다는 것이다. 우리가 마주한 감정들이 때로는 너무 커서 말로 다 표현하지 못할 때, 그것을 그저 품고 살아가는 것이야말로 진정한 용기이며 성숙이라는 의미로도 해석할 수 있다.

여기에 혼잣말이라는 방법을 덧붙이면 그것을 더 자연스럽게 흘려보낼 수 있다. 이를 통해 아픔을 이해로, 미움을 용서로, 슬픔을 추억으로 만들자. 이는 곧 나를 풍성하게 만든다. 그 모든 감정이 쌓여 삶을 이룬다. 감정은 기억을 뛰어넘어 존재의 근원이 된다. 그것이 때로는 우리를 아프게 하고, 때로는 행복하게 하지만 결국 우리 삶이라는 사실은 변하지 않는다.

우리는 삶 속에서 수없이 상처받고 수없이 울어봤다. 그 감정은 어느 것 하나 헛되지 않았다. 지금의 우리를 만든 그 모든 감정들을 소중히 여기자.

감정을 삶의 문장으로 바꾸게 해준 책들

『타인의 고통』 _ 수전 손택

국내 출간: 이후, 2007, 이재원 번역

이 책은 타인의 고통을 바라보는 시선을 통해, 우리가 느끼고도 설명하지 못했던 감정들이 어떻게 사회와 개인의 서사로 연결되는지를 탐구한다. 기억이 아니라 감정이 진실을 남긴다.

『인간 실격』 _ 다자이 오사무

국내 출간: 새움, 2018, 장현주 번역

감정을 억누르고 살아가는 한 남자의 고백. 수치심, 불안, 소외, 자괴 같은 감정들이 지워지지 않은 채 남아 그의 존재를 형성한다. 감정은 사라지지 않고 삶의 고백이 되어 되돌아온다는 진실을 강하게 보여준다.

넥타이핀

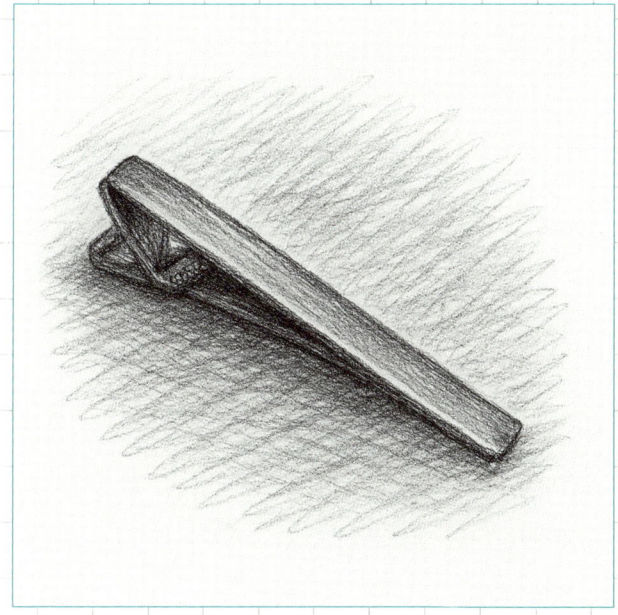

표정 대신 단정함을 매달던 금속 조각.
매일 무심히 꽂지만, 감정은 그 아래 조용히 눌려 있었다.

혼자 함께 살아가는 법

"외로움은 나만의 성장통이다."

아내에게서 기타 악보집을 선물받았다. 그 속에는 오랜 시간 잊고 지냈던 기억들이 담겨 있었다. 내가 자주 흥얼거리던 노래, 맥주 한 잔 곁들이며 연주했던 노래, 지나간 시간 속 감정이 담겨 있는 익숙한 멜로디. 매끈한 악보집이었지만, 내 눈에는 낡은 음표들이 모여 있는 것으로 보였다. 그 노래들은 단순한 음악이 아닌, 감정을 표현하는 방법이었다. 삶의 무게를 잠시 내려놓을 수 있는 작은 쉼표. 그때까지 내 방에 기타가 있다는 것조차 인식하지 못하고 있었다. 한동안 손에서 놓은 기타는 변함없이 같은 곳에 있었는데 말이다. 그동안 내게 기타를 만질 여유조차 없었던 것이다.

삶은 늘 정신없이 바빴고, 해야 할 일들은 끝없이 밀려들었다. 가장으로서의 책임, 직장인으로서의 역할, 강사로서의 의무, 작가로서의 노력까지. 내 이름 앞에 붙는 수식어들이 많아질수록 정작 나 자신은 점점 희미해져갔다. 어떤 음악을 좋아했는지, 어떤 감정으로 삶을 살아왔는지조차 희미해질 즈음 아내가 건넨 악보집이 감정을 소환했다.

덕분에 나는 지금 가끔씩 기타를 꺼내 든다. 누군가에게 들려주기 위한 연주가 아니어도 좋다. 누가 내 연주를 들어줘도 좋다. 질긴 기타줄에 손끝이 시려와도 그 감촉을 느끼는 것만으로 나는 만족한다. 기타줄의 울림과 함께 오래 묻어두었던 감정을 흘려보낸다. 악보를 한 페이지 넘길 때마다, 그곳에는 내 젊은 날의 모습과 그때를 함께했던 사람들, 내가 느꼈던 감정들을 선명하게 마주한다. 잊은 것이 아니라, 잠시 덮어두었던 것이다. 사라진 것이 아니라, 가려져 있던 것이다.

얼마 전부터 복싱 글러브를 다시 꺼냈다. 젊은 시절 10년이라는 세월을 함께했던 운동임에도 그동안은 바쁘다는 핑계로 내 생각 밖으로 밀어냈던 복싱. 내게 복싱은 단순한 운동이 아닌, 추억이고 욕망이다. 다시 복싱 글러브를 끼고 샌드백을 치는 시간은 이제부터 나의 감정의 방어막이자, 일상에서 쌓인 스트레스와 분노, 불안을 땀으로 흘려보내는 방식이 됐다. 땀을 흘리고 보니 내가 복싱을 그리워했다는 것이 느껴졌다.

세상의 기준에 맞추느라 정작 내가 원하는 것을 포기했던 시간들. 이제는 더 이기적으로 세상보다 나를 먼저 생각한다. 그렇게 내가 감정과 단단한 유대를 만들면, 결국 세상도 그 단단함에 기대어 든든함을 느낄 것이다.

오래도록 참았다. 참아야 하는 이유를 만들었고, 하지 말아야 하는 이유를 만들면서 기타를 내려놓고, 글러브를 벗었던 시간이 다시 제자리로 돌아왔다. 그럼에도 나는 여전히 바쁘다. 해야 할 일의 양도 그대로다. 그럼에도 나는 기타를 연주하고 샌드백을 두드린다. 이게 어떻게 가능한지 나도 신기하다. 결국 모두 내 감정이 만들어낸 것이었다. 숨이 가빠질 때마다 내 마음은 점점 고요해진다.

나를 지키는 고요한 동행

"누구에게나 외롭지 않은 척해야 할 순간이 있다."

혼자라는 말이 불편하고, 나를 향한 시선에 빈틈을 보이고 싶지 않아 일부러 더 바쁘게 움직인다. 우리는 종종 관계로 자신을 입증하고, 누군가 곁에 있다는 이유로 안심한다. 하지만 그런 삶 속에서 '나 자신과의 관계'는 소원해진다. 혼자이지만 함께 사는 법을 안다는 건, 혼자서도 나를 지킬 수 있는 힘을 키웠다는 뜻이다.

젊은 날의 나는 '무언가를 이뤄야 외롭지 않다'고 믿었다. 목표가 있어야 흔들리지 않고, 성과가 있어야 인정받는다고 생각했다. 그래서 감정을 뒤로 미뤄놓고 늘 바쁘게만 살았다. 하지만 시간이 지나며 알게 되었다. 아무리 많은 일과 사람들로 하루를 채워도, 스스로를 돌보지 않으면 고립된다는 것을. 우리는 '혼자 있음'과 '외로움'을 같은 것이라 오해하고 있다. 하지만 둘은 다르다. 혼자 있는 시간은 나를 돌보는 시간이다. 타인의 말에 반응하지 않고, 온전히 나에게 집중하는 시간. 그 틈에서 나는 억눌렀던 말들, 숨기고 있던 불안, 조용한 기쁨 같은 감정들을 마주한다.

혼자의 시간을 단단하게 만드는 방법은 그리 어렵지 않다. 익숙한 물건을 다시 꺼내거나, 낡은 노래를 흥얼거려도 좋다. 아무것도 하지 않아도 괜찮다. 그저 스스로를 쉬게 하는 방식이 있다는 사실, 그것만으로도 우리는 다시 일어설 수 있다. 혼자 있는 시간을 통해 누구의 허락도 필요 없는 사적인 활동으로 자신을 돌보는 것이다.

삶은 복잡하지만 오히려 간단한 것들이 나를 살린다. 반복되는 리듬, 고요한 틈, 익숙한 감각. 그것들은 감정을 살아내는 데 가장 중요한 재료가 된다.

"혼자 있는 시간, 나를 다시 만나는 시간"

- 익숙한 것을 다시 꺼내기 : 잊고 지냈던 취미는 나를 회복시킨다.
- 혼자의 시간을 두려워하지 않기 : 고요 속에서 내 감정이 살아난다.
- 감정을 돌보는 방식 찾기 : 말보다 손끝의 감각이 나를 말해준다.
- 함께 있음보다 먼저, 나와 함께하기 : 내 고요가 깊을수록 관계도 깊어진다.

감정을 지키는 고요한 기술

"사람들은 종종 혼자라는 말을 외로움이나 고립과 같은 부정적인 감정으로 연결 지어 생각한다."

혼자 있는 시간이 길어질수록 사회에서 고립되었다거나 삶이 무언가 잘못되었다고 판단하기 쉽다. 하지만 삶을 깊이 들여다본 사람이라면 누구나 알고 있다. 혼자 있는 시간은 그저 외로운 시간이 아닌, 자신과 깊고 진실한 대화를 나눌 수 있는 기회라는 것을. 혼자만의 공간과 침묵은 우리를 비추는 가장 깨끗한 거울이다.

우리는 매일 타인의 기준과 시선을 신경 쓰며 살아간다. 타인의 기대와 역할을 충실히 수행하다 보면, 어느새 자신의 감정은 우선순위에서 밀려난다. 가족으로서, 친구로서, 사회적 지위를 가진 사람으로서 우리는 무언가를 증명해야 한다는 압박 속에 살아간다. 이런 압박 속에서 감정은 외면되고, 제대로 돌봄 받지 못한 채 깊숙한 곳으로 숨겨진다. 그러나 감정은 숨긴다고 사라지지 않는다. 오히려 숨길수록 더 깊은 어둠 속에서 조용히 우리를 기다린다. 이제 꺼내주자. 언젠가 꺼내줄 감정이라면 하루라도 빨리 꺼내주자.

쇼펜하우어는 "인간은 혼자 있을 때만 온전히 자유롭다. 그러므로 고독을 사랑하지 않는 사람은 자유도 사랑하지 않는다."고 하며, '고독할 수 없다는 것은 자유롭지 못하다는 것'이라는 사상을 밝혔다. 그의 말처럼 고독은 스스로를 마주하고 자신의 감정을 진정으로 이해하는 자유로운 시간이다. 우리가 고독을 견딜 수 없다고 느끼는 것은, 자신과 마주하기를 두려워하기 때문인지도 모른다. 혼자라는 상황보다, 혼자일 때 떠오르는 감정이 두려운 것이다.

인간은 근본적으로 고독한 존재다. 누구와 함께하든, 어떤 무리에 속해 있든, 감정의 가장 깊은 곳에는 나 자신만이 온전히 다가갈 수 있다. 그렇기에 혼자 있는 시간을 두려워하지 않는 사람이 삶에서 가장 중요한 것을 먼저 발견한다. 그 사람은 세상이 아무리 시끄럽고 혼란스러워도, 결국 고요한 자기 자신 안에서 균형을 되찾아 감정을 살아낸다.

이제 우리는 감정을 온전히 마주하는 것에 익숙해져야 한다. 혼자서 울음을 터뜨리는 일이든, 혼자 연주하는 기타의 울림을 듣는 일이든, 혹은 아무 말 없이 자신의 호흡과 몸의 움직임에 집중하는 일이든 상관없다. 바로 그런 순간들을 통해 감정을 지킬 수 있다. 타인의 시선이나 평가와 상관없이, 내 감정을 온전히 느끼고 살아내는 것. 그것이야말로 가장 강력한 자기 회복의 방법이다. 여전히 어색하고 어렵지만 그래도 나는 나다. 그리고 감정이다. 우리는 그렇게 감정을 살아내는 중이다.

혼자 있는 나를 따뜻하게 안아준 책들

『외로움의 철학』 _ 라르스 스벤젠

국내 출간: 청미, 2019, 이세진 번역

외로움은 감정의 적이 아니라 회복의 공간이라는 진리를 전하는 책. 혼자 있는 시간 속에서 자신을 어떻게 돌보고 지켜야 하는지를 철학적으로 풀어낸다.

『일의 기쁨과 슬픔』 _ 알랭 드 보통

국내 출간: 은행나무, 2012, 정영목 번역

혼자 일하고, 혼자 느끼고, 혼자 삶을 성찰하는 과정에서 감정이 어떻게 우리 삶의 가장 깊은 언어로 변해가는지를 보여주는 철학적 에세이. 일상의 반복 속에서도 감정을 잊지 않는 삶의 방식에 대한 통찰이 담겨 있다.

○ 손목 보호대 ●

복싱을 시작하며 다시 착용한 손목 보호대.
묵직한 감정을 다독이듯, 조용히 나를 단단히 지탱해준다.

오늘을 견디는 우리가 내일을 만든다

"오늘이라는 고단한 계단은 내일로 향하고 있다."

아침에 일어나면 가장 먼저 시계를 본다. 우리의 하루는 보통 햇살보다 알람 소리로 시작되고, 눈을 뜨는 순간부터 머릿속에는 이미 하루의 일정표가 그려진다. 몇 시까지 아이를 학교에 보내고, 몇 시까지 직장에 도착해야 하며, 업무를 마치면 또 다음 일정을 향해 움직여야 한다는 압박감이 일상의 배경음악처럼 따라다닌다.

우리는 항상 '다음'을 준비하며 산다. 그래서인지 '지금을 살아간다'는 표현은 멀게만 느껴진다. 아이가 말을 걸 때 우리는 "지금은 안 돼."라는 말을 마치 습관처럼 내뱉는다. 어느 날 밤, 잠든 아이의 얼굴을 바라보다 문득 감정이 떠올랐다. 그 한 마디로 아이의 작은 손에 들린 놀이책을, 반짝이는 기대의 눈빛을, 그 순간의 행복을 차단해버렸다는 미안함. 바빠서, 아파서, 피곤해서… 그 순간만큼은 그 말이 정당하다고 여겼겠지만 결국 감정은 나를 혼낸다.

우리는 내일이라는 이름 아래 오늘의 소중한 순간들을 흘려보내고 있다. 내일을 준비하느라 오늘을 희생시키는 삶, 미래의 안정, 더 나은 성취를 위해 오늘을 견디는 삶. 모두 다 좋다. 그런데 그 과정에서 외면한 '지금'은 어떻게 보상받을 것인가.

삶은 언제나 지금 이 순간에만 실재한다. 미래는 늘 불확실하며, 우리의 계획과 다짐은 종종 예상치 못한 현실로 인해 바뀌어버린다. 확실한 오늘을 버리고 불확실한 내일을 꿈꾸는 것이 과연 도움이 될까? 우리가 준비하는 그 내일이 확실히 우리를 기다리고 있는 것이 맞을까? 예기치 못한 이별이나 질병, 갑자기 닫힌 문, 멀어져 가는 사람들처럼 예측할 수 없는 일들로 우리의 계획이 어긋난다면, 지금 이 순간을 외면한 후회를 어떻게 감당할 것인가.

우리가 꿈꾸는 내일을 만날 가능성을 높이는 가장 좋은 방법은 오늘에 집중하는 것이다. 아이와 마주 앉아 눈을 맞추고, 웃음을 나누는 것, 저녁 식탁에서의 평범한 대화와 밥 냄새, 손끝에서 느껴지는 가족의 온기 같은 사소한 순간들. 막상 해보면 그리 많은 시간을 할애하지 않아도 됨을 알게 될 것이다. 그리고 그 순간들에 삶의 가장 큰 의미가 담겨 있음도 알게 될 것이다. 바로 오늘이 미래를 위해 쌓아가는 가장 단단한 기반이 된다.

최근 아이와 마라탕을 나눠 먹으며 함께 넷플릭스 영화를 시청했다. 아이가 하도 종알거려서 대사가 잘 들리지 않았지만, 그냥 그 시간이 참 즐거웠다. 그러고는 기분 좋게 다시 노트북을 열어 미뤄둔 일을 이어갔다. 특별하지 않아 보이지만 이로 인해 당장 해야 할 일이 있다며 아이와의 시간을 미뤄놓았음을 후회하는 감정으로 마주할 일이 없어졌다. 우리는 늘 특별한 무언가를 기다리지만, 진정한 특별함은 늘 우리 곁에 있다. 그런 것들이 오늘을 견디는 힘이 되고, 결국 우리가 꿈꾸던 내일의 기반이 된다. 이제부터는 '다음에' '나중에'라는 말을 줄이고, '지금'이라는 말을 더 자주 쓰기로 하자. 기다리는 대신 먼저 다가가고, 미루는 대신 바로 행동하자. 지금 건네는 따뜻한 한 마디, 지금 그 손길과 눈빛은 결코 사라지지 않고 누군가의 기억 속에 어떤 감정으로 새겨질 것이다.

오늘을 살아내는 것은 단순한 결심이 아닌, 우리가 우리 자신을 잃지 않고 진짜 삶을 선택하는 가장 중요한 결심이다. 아이와 눈을 맞추고 웃는 일, 아내와 함께 준비하는 저녁, 조용히 혼자 숨을 고르는 새벽. 이 모두가 우리가 살아 있음을 증명하는 것들이다.

우리에게 오늘은 결코 작지 않다. 오늘이 있기에 내일이 존재하고, 지금이 쌓여 삶을 만든다. 오늘을 충분히 살아내야 더 단단하고 찬란한 내일을 맞이하게 된다. 그러니 오늘을 두려워하거나 흘려보내지 말자. 시간이 흘러도 오늘을 무거운 감정으로 만나지 않길.

지금의 선택이 만드는 내일

　　　　　우리는 종종 '내일'이란 단어에 삶의 무게를 걸어놓는다. 내일은 오늘의 고단함을 보상해줄 어떤 날이라는 믿음, 더 나은 하루가 될 것이라 기대한다. 그리고 그 기대를 위해 우리는 지금을 소모시킨다. 오늘은 늘 준비하는 시간이고, 진짜 삶은 내일부터라는 착각 속에 살아가고 있는 것이다. 하지만 오늘을 제대로 살아내지 않으면, 내일 역시 그다음을 기다려야 하는 오늘이 된다. 지금의 선택과 말, 행동, 감정이 모여야만 내일이 된다. 우리 삶은 '지금'의 연속이다.

　나는 한때 지금을 '유예된 시간'으로 여겼다. 더 큰 성취를 위해 감정을 미루는 것이 성숙이라 믿었지만, 이제는 다르게 생각한다. 지금을 제대로 살아내는 사람이야말로 진짜 성숙한 사람이다. 감정을 인식하고, 관계를 돌보며, 스스로를 보듬을 줄 아는 태도가 단단한 내일을 만든다. 오늘을 살아내는 방법은 작지만 분명한 선택에서 시작된다. 고맙다는 말을 미루지 않고, 스스로에게 잘하고 있다고 속삭여주는 일, 그런 구체적인 실천이 오늘을 바꾸고, 그 오늘이 쌓여 내일이 된다.

　삶은 늘 불확실하지만, 우리에게는 지금이라는 확실한 순간이 있다. 지금 건네는 미소는 내일의 관계를 만들고, 지금의 다짐은 내일의 성과가 된다. 지금의 하루, 지금의 말, 지금의 감정, 그 모든 것이 우리의 감정을 만든다.

"지금을 살아내는 연습"

- '다음에'라는 말을 줄여보자 : 지금의 기회를 놓치면 영영 돌아오지 않을 수도 있다.
- 오늘의 감정을 외면하지 말자 : 지금 느끼는 감정이야말로 가장 솔직한 삶의 증거다.
  - 사소한 일상에 집중해보자 : 짧은 대화, 눈빛, 웃음이 오늘을 바꾼다.
  - 지금의 선택이 내일을 만든다 : 작은 실천 하나가 내일의 삶을 결정짓는다.

지금이라는 시간의 깊이

지금이라는 시간은 단지 흘러가는 것이 아니라, 우리 존재를 형성하는 순간의 총합이다. 아침에 마주한 따뜻한 커피 한 잔, 무심코 건넨 가족의 한 마디, 창밖에서 들려오는 새소리, 아무렇지 않게 주고받은 웃음이 모여 우리의 삶을 완성한다. 지금을 다음을 위한 과정으로 여기기에는 너무나도 소중한 것들이 많이 담겨 있다.

지금이라는 시간은 다시 오지 않는다. 오늘 우리가 흘려보낸 순간은 다시 잡을 수 없다. 아이의 성장을 지켜보지 못한 채 일에 몰두한 부모, 사랑하는 사람과의 만남을 미루며 나중을 기약하는 연인, 하고 싶은 일을 언제나 내일로 미루는 사람. 그들은 언젠가 자신들이 놓친 것이 삶에서 가장 소중했음을 깨닫고 후회라는 감정을 마주하게 될 것이다.

삶이란 목적지에서 완성되는 것이 아니다. 삶은 모든 순간이 모여 만들어내는 풍경이며, 목적지를 향해 가는 여정 그 자체인 것이다. 그래서 우리는 지금 이 순간을 살아내야 한다. 감정을 돌보며 내일이 아닌 오늘, 미래가 아닌 현재를 살아내는 것이다.

삶이 우리에게 주는 진정한 선물은 '지금'이라는 순간을 살아갈 수 있는 기회다. 어제의 후회도, 내일의 걱정도 모두 시간이 지나고 마주하면 부끄러울 감정이다. 그것을 흘려보내려면 더 많은 감정을 밀어넣어야 한다. 우리가 미뤄두고 있는 이 평범한 순간들이 가장 큰 행복이다. 우리의 삶이 가장 빛나는 순간은 성공한 순간이 아니라 그 성공을 향해 나아가는 과정 속의 모든 순간이다. 평범한 일상 속에서도 의미를 찾을 줄 아는 태도, 그러기 위해 내 감정을 바로 보고, 감정과 함께 살아내겠다는 태도가 우리의 삶을 깊고 풍성하게 만든다.

"소중한 순간이 오면 따지지 말고 누릴 것, 우리에게 내일이 있으리란 보장이 없으니."

– 영화 〈창문 넘어 도망친 100세 노인〉 중에서

지금 이 순간을 더 깊이 살아내게 해준 책들

『지금 이 순간을 살아라』 _ 에크하르트 톨레

국내 출간: 양문, 2008, 노혜숙, 유영일 번역

'지금'이라는 시간을 회복하는 것이 곧 존재의 본질을 되찾는 길임을 강조한다. 마음을 현재로 이끄는 문장들이, 내일을 위한 불안 대신 오늘을 위한 평화를 가르쳐준다.

『그리스인 조르바』 _ 니코스 카잔차키스

국내 출간: 열린책들, 2009, 이윤기 번역

자유로운 영혼 조르바는 매 순간을 사랑하며 살아간다. 그는 내일을 계획하기보다 오늘을 살아내고, 미래를 염려하기보다 지금의 삶을 온몸으로 끌어안는다. 조르바의 삶은 우리에게 묻는다. "당신은 지금을 제대로 살아내고 있는가?" 그 질문이 오늘을 견디는 우리에게 삶의 본질을 일깨워준다.

○ 딸아이의 손편지 한 장 ●

> 아빠에게♡
>
> 아빠 짱구피규어 사주셔서 고맙습니다. 나중에 제가 어른이 되면,, 필요한거 사 드릴게요♡ 그리고요, 짱구 피규어 진짜! 마음에 들어요♡ 고맙습니다 밤세도록 일 하셔서 피곤하시죠 아무리힘들어도요 혀는 말을 안해도, 자고있을데도, 떨어져도, 전 언제든지 응원할게요?? 사랑해요~♡
>
> 2020.9.8. 혜린올림.♡
>
> 사랑해요♡ ←아빠 ㅋㅋ

언젠가 건네 받은 그 종잇조각이, 오늘을 더 깊이 살아내게 만든다.

에필로그

책의 마지막 장을 넘기며, 나는 문득 오랜만에 긴 숨을 내쉬었다. 마음 깊숙한 곳에서부터 천천히 올라오는 편안한 숨이었다. 내가 행복을 향해 걷던 길은 긴 여정이었다. 이제는 알겠다. 행복은 멈춰 있는 어떤 장소가 아니라, 우리의 삶 속에 스며 있는 감정이라는 것을.

나 역시 시련이라는 터널을 지나면서 때때로 흔들리고, 무너졌다. 하지만 그럴 때마다 나를 일으켜 세운 것은 글쓰기였다. 글을 쓰는 시간은 나 자신과 깊이 대화하는 시간이었다. 나의 감정을 글로 쓰면서 나는 비로소 다시 두 발로 일어설 수 있었다. 처음에는 나만의 습작으로, 그저 내 감정의 기록으로만 남겨두려고 했다. 하지만 결국 이 이야기는 나를 넘어 독자들의 삶과 닿기를 바라며 세상에 나왔다.

이 책은 인문학 3부작의 마지막 작품이다. 첫 번째 책과 두 번째 책에서 행복의 길을 제안했다면, 이번 마지막 책에서는 행복을 유지하는 방법과 진정한 감정의 가치를 전하고 싶었다. 오랜 사유와 수많은 독서를 통해 얻은 이 감정의 이야기가 독자 여러분과 만나면서, 나의 인문학 3부작은 조용히 마침표를 찍게 되었다. 하지만 마침표를 찍었다고 해서 나의 삶도 끝나는 것은 아니다. 이 마침표는 단지 한 문장을 마무리하는 의미일 뿐이며, 또 새로운 문장을 이어나가는 시작점이기도 하다. 삶은 여전히 어렵기에, 감정을 살아내는 연습은 계속된다. 나는 다시 새로운 모습으로, 또 다른 글을 통해 여러분을 만나러 갈 것이다. 내가 어떤 모습으로 다시 깨어날지, 나 자신도 궁금하다.

  최근 나는 20여 년 전 삶을 끝내려 홀로 찾아갔던 캐나다의 나이아가라 폭포를 다시 방문했다. 이번에는 혼자가 아닌 아내와 딸을 데리고 함께였다. 그 어두웠던 기억을 이번엔 즐거움과 웃음이 가득한 여행의 행복으로 덮어씌우고 싶었다. 그리고 성공했다. 이제 그 폭포 앞에서의 기억은 더 이상 고통과 절망이 아닌 사랑과 기쁨으로 가득한 가족의 모습으로 채워져 있다.

  이 책의 출간 계약서에 서명하고 돌아오는 길, 내 마음은 다시 한 번 이상한 횅함을 마주했다. 하지만 그 횅함은 과거의 그것과 달랐다. 상실과 공허가 아닌 깊은 만족과 감동에서 오는 멈춤이었다. 이 멈춤의 순간은 행복의 여운이었다. 그렇게 나는 아주 짧은 순간 먹먹함이라는 감정을 마주하고 방향을 잃었다가 이내 웃으며 다시 앞으로 나아갔다.

  되는 사람과 안 되는 사람의 구분은 중요하지 않다. 우리는 그저 지금 깨어나고 있는 사람이다. 여러분도 이 책을 통해 자신만의 행복을 찾고, 오래도록 유지할 수 있기를 바란다. 여러분이 이 책을 덮는 순간, 여러분의 마음속에도 만족감에서 오는 멈춤과 계속되는 행복한 삶이 가득 차기를 진심으로 바란다.

2025년 여름, 김규범